Der verehrten Pfarrfamilie Zillessen
— zur Erinnerung an zehnjährige Nachbarschaft —
mit den besten Wünschen für das Pflanzen,
Begießen und ersprießliche Gedeihen
mit Gottes Segen auf dem neuen Acker-
feld am „Hochrhein"

Ihre
Familie Wälker

Kirchzarten, 7. 2. 1988

Hochrhein-Fibel

ERNST M. WALLNER

HOCHRHEIN-FIBEL

Allerlei Interessantes und Wissenswertes
über das Hochrheintal:

Landschaft – Geschichte – Kultur – Touristik

Dazu ein Abc der Orte mit ihren
wichtigsten Sehenswürdigkeiten

ROSGARTEN VERLAG GMBH
KONSTANZ

ISBN 3 87685 110 6

© Rosgarten Verlag GmbH, Konstanz 1984
Einbandzeichnung: Erich Hofmann, Konstanz

Gesamtherstellung:
Druckerei und Verlagsanstalt Konstanz GmbH
Konstanz Am Fischmarkt

INHALT

	Seite
Landschaftsgestalt und Landschaftscharakter	7
Bevölkerung und Geschichte	15
Kulturspiegel	26
Touristik: Kur, Erholung, Sport	29
Abc der Hochrheinorte	32
Literaturhinweis	69
Bildnachweis	70

LANDSCHAFTSGESTALT UND LANDSCHAFTSCHARAKTER

Das Hochrheintal ist die 15–20 km breite Uferlandschaft am 115 km langen Wasserlauf des Rheins von Schaffhausen bis Basel und grenzt im Osten an den Raum rund um den Bodensee. Diese Grenze ist nicht nur eine geographische, sondern gleichzeitig der thematische Anschluß dieser »Hochrhein-Fibel« an die im selben Verlag erschienene »Bodensee-Fibel«. Trotz geologischer Vielfalt und regionalen Wechsels der Landschaftsgestalt sind dennoch eine Reihe von übergeordneten Gemeinsamkeiten und Gleichartigkeiten für das Hochrheintal sowohl als Natur- wie auch als Kulturlandschaft kennzeichnend.

Der Rheinstrom. In der älteren Eiszeit hatte der Rhein einen anderen Verlauf. Ab dem heutigen Schaffhausen nahm er seinen Weg zunächst nach Westen, dorthin, wo sich heute die Orte Neunkirch und Hallau befinden, und floß dann parallel zur Wutach nach Süden. Nach der Gletscherschmelze aber, vor etwa 15 000 Jahren, nahmen die Wassermassen nicht mehr den Umweg durch das alte, mit Schotter angefüllte Flußbett, sondern fluteten, über querende Felsriegel bis zu 21 m tief herabschießend, schon bei Schaffhausen in südlicher Richtung. Erst eiszeitliche Schotterplatten und anstehende Molasse an der Tößmündung zwangen den Fluß mit all seinen Windungen und Schleifen zu einer Kursänderung nach Westen bis zum Rheinknie.

Vom Rhein- und Aaregletscher gespeist, führt der Strom sommers Hochwasser, im Spätwinter Niedrigwasser. Von allen seinen Nebenflüssen führt die Aare mit ihrem Einzugsgebiet aus der Schweiz dem Rhein das meiste Wasser zu. Von geringerer Bedeutung sind: Thur, Töß, Glatt, Möhlin und Ergolz und die Schwarzwaldbäche Wutach mit der Schlücht, Alb, Murg und Wehra. Nach Aufnahme der Wassermassen der Aare erreicht der Strom unterhalb von Waldshut eine Breite bis zu 200 m, bei Hochwasser sogar bis zu 300 m; bei Laufenburg aber, wo der Fluß den harten Schwarzwaldgneis zersägen mußte, schrumpft die Entfernung beider Ufer voneinander auf 12 m zusammen. Von 360 m über dem Meeresspiegel beim Katarakt Schaffhausen sinkt der Strom bis Basel auf 244 m, so daß das Durchschnittsgefälle je km rund 1 m ausmacht.

Die Stromschnellen. Freilich – und das ist eine Besonderheit des Hochrheins – die Gleichmäßigkeit des Gefälles wird mitunter empfindlich gestört durch tiefe Einschnitte im Gestein oder durch aufragenden Fels, durch Riegel und Schwellen, die die Wassermassen zwingen, als Stromschnellen in die Tiefe hinabzustürzen. »Rapida« nannten sie die Römer, »Laufen« heißen sie bei Laufenburg, »Höllenhaken« und »Gewild« bei Rheinfelden. 16 solcher Stromschnellen bereiteten der Schiffahrt auf dem Hochrhein einst große Schwierigkeiten, weil die Kleinschiffe oder die sogenannten »Weitlinge« (Lastkähne) vor den Schnellen entladen und dann von den »Studern« oder »Laufenknechten« leer stromabwärts geseilt und hindurchgesteuert werden mußten, um erst nach Überwindung der Gefahrenzone wieder beladen werden zu können. Diese Art der Beförderung auf dem Strom – Ende des 18. Jh.s von nahezu 5000 Kleinschiffen – währte bis zur Umstellung des Warentransports auf die Eisenbahn, also bis in die zweite Hälfte des 19. Jh.s. Das für Kraftwerke aufgestaute Wasser hat inzwischen das querende Hartgestein größtenteils verschlungen, sofern es nicht vorher gesprengt wurde. Damit hat der Hochrhein allerdings ein gut Teil an Wildromantik eingebüßt.

Der Rheingraben. Die gesamte Strecke fließt der Rhein in einem Bett auf einer bis zu 4 km breiten Sohle eiszeitlicher Schottermassen. Jenseits des Uferrands bildet das abgelagerte Gestein nicht selten größere Niedrigterrassen, zum Beispiel das Rafzer, Döttinger oder Möhliner Feld. Linksrheinisch stoßen die Terrassenstufen zunächst in das wellige Tal- und Hügelgelände des Zürcher Mittellandes, westlich von Kaiserstuhl schieben sich die Bergrücken und höheren Plateaus des Aargauer und Basler Tafel-, weniger des Kettenjuras vor. Auf dem rechten Ufer setzt sich als erstes im Randen eine Juraformation fort. Darauf zwängen von Norden teils sanftere Höhenzüge, teils steilere Felshänge des Schwarzwalds den Rhein in sein Bett. Von der Wehra bis zum Rheinknie dacht sich das verkarstete Muschelkalkplateau des Dinkelbergs mit seinen Dolinen und Höhlen (Haseler Höhle, Tschamber Loch) zum Strom hin ab. Bei Basel leitet schließlich die Talaue schon zur Oberrheinischen Tiefebene über.

Die Hochrheinlandschaft. Nur wenige Berggipfel überragen die Höhe von 700 m. Aber nahezu alle bieten prachtvolle Ausblicke auf das Silberband des Rheins, auf Jura, Alpen und den Schwarzwald. Eichen-, Buchen-und Mischwälder begleiten den Fluß mitunter bis zu den Uferböschungen. Das im Hochrheintal durch den Zustrom von Seewinden begünstigte milde Klima und die meist fruchtbaren Böden hatten einst besonders zum Weinbau ermuntert, doch wurde das Rebland später verschiedenenorts durch Obstpflanzungen verdrängt. Trotz fortschreitender Industrialisierung erfreuen das Auge auf den Dorfgemarkungen aber immer noch üppige Wiesen und reifende Ährenfelder. In sonnigem, dem Süden zugewandten Gelände wachsen Steppenheidepflanzen submediterraner Art als Relikte einer nacheiszeitlichen Wärmeperiode. Bei Grenzach fühlt sich sogar der einzige afrikanische Frühlingsahorn Deutschlands heimisch.

Das Siedlungsbild. Außer der Großstadt Basel (mit fast einer Viertelmillion Einwohnern), dem Eingangsort zum Hochrheintal Schaffhausen (mit über 37 000 Einwohnern) sowie dem rechtsrheinischen Ausgangstor aus der Hochrheinzone Lörrach (mit 34 000 beziehungsweise 45 000 Einwohnern einschließlich Eingemeindungen der 70er Jahre) als Mittelstädten haben alle übrigen urbanen Gemeinwesen – auch wenn sie mit eingemeindeten Orten 20 000 Einwohner überschreiten – Kleinstadtcharakter. Meist verrät die Altstadt ein malerisches, mittelalterlich städtisches Antlitz, so in den vier ehemals habsburgischen »Waldstädten«: Waldshut, Laufenburg, (Bad) Säckingen und Rheinfelden, aber auch in Bülach, Regensberg, Kaiserstuhl, Zurzach und Liestal. Auf Höhenterrassen, an bewaldeten Hängen, zwischen Hügeln geduckt, in Mulden geborgen oder inmitten von Ackerfluren, Obst- oder Weingärten finden sich bäuerliche Siedlungen. Dörfer mit alten Fachwerkbauten, spätgotischen oder barocken Türmen, mit im Innern stilvoll gestalteten Kirchen und einladenden Gasthäusern, noch erhaltene Burgen oder Ruinen auf steilem Felsblock oder Schlösser in idyllischen Parks prägen das Bild dieser Landschaft, in der sich Einheimische wie Gäste wohlfühlen.

Technik und Industrie. Freilich haben am Hochrhein und in den Nebentälern Industrie und Technik schon im 19. Jh. Einzug gehalten, wie zum Beispiel die mit Schweizer Kapital und badischen Arbeitskräften im Wiesetal geschaffenen Textil-Produktionsstätten. Seit dem Zweiten Weltkrieg nehmen Industriebetriebe verschiedenster Branchen in den Außenbezirken der Städte und Landgemeinden immer mehr zu, so daß fast jeder Ort sein Industriegebiet besitzt. Entlang der Strecke Zurzach–Pratteln (Schweizerhalle) trifft man immer wieder auf den Abbau der reichen Salzlager dieser Gegend. Am Rheinknie herrscht die Elektro-, chemische, Metall- und Maschinenindustrie vor. Ciba-Geigy hat Zweigunternehmen bei Kaisten, Stein und Wehr. Lonza-Filialen arbeiten bei Waldshut, Bad Säckingen und Weil a. Rh. Die Firma La Roche unterhält einen ihrer Tochterbetriebe bei Sisseln. Die 1888 gegründete erste Aluminiumfabrik Europas in Neuhausen a. Rh. wurde später nach Rheinfelden verlagert, wo inzwischen ein industrielles Großzentrum entstanden ist.

Die Kraftwerke. Wie die vielen Industriebetriebe verändern auch die zahlreichen Kraftwerke die Landschaft. Dem 1898 in Betrieb genommenen Werk bei Rheinfelden folgten alsbald weitere bei Rheinau, Eglisau, Klingnau, Waldshut, Albbruck-Dogern, Laufenburg, Bad Säckingen, Riburg-Schwörstadt, Augst-Wyhlen. Mitunter in einem Abstand von weniger als 10 km »an« oder »in« den Rhein »gestellt«, zerstört manche dieser Industrieanlagen einen in seiner Art einzigartigen Lebensraum. Der Schleusenbau hat nicht zuletzt die Salmenfischerei – mit den höchsten Fangerträgen bei Laufenburg – vernichtet, und die gespenstischen Turmkolosse der Atommeiler bei Beznau und Leibstadt lösen eher Betroffenheit aus.

Der Verkehr. Ins Hochrheintal zu reisen bereitet keine Mühe. Trotz Staatsgrenze kommt es durch die Städte zu einem regen Verkehr von Ufer zu Ufer. Unabhängig vom Fährbetrieb sorgen dafür auch überdachte und offene, alte hölzerne und neuere Beton-Rheinbrücken bei Schaffhausen, Rheinau, Eglisau, Kaiserstuhl–Hohentengen, Zurzach–Rheinheim, Waldshut–Koblenz, Laufenburg, Bad Säckingen–Stein, Rheinfelden und Basel. Die Ost-West-Achse Waldshut/Koblenz–Basel ist beidseitig des Stroms mit Straßen und Schienenwegen ausgebaut. Stein ist von Basel aus sogar auf einer Autobahn zu erreichen. Gelände- und Grenzverhältnisse sind so beschaffen, daß eine Direktverbindung Zürich–Schaffhausen auf der Schweizer Seite nur über Winterthur zustande kam und daß die rechtsrheinische Strecke, an der Eglisau liegt, über den deutschen Jestetter Zipfel führen muß. Auch von Waldshut nach Schaffhausen nehmen Schiene und Straße die

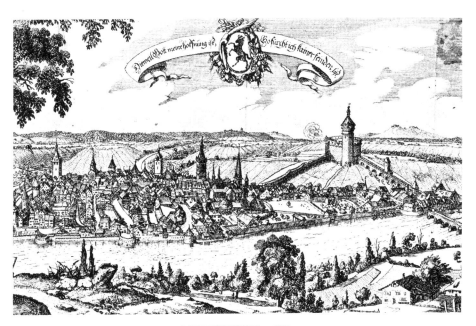

SCHAFFHAUSEN um 1650

Verkürzung über Lauchringen und Neunkirch. Das Projekt einer Autobahn, die von Lörrach bis Lauchringen rechtsrheinisch verlaufen, sich südlich von Rheinau linksrheinisch fortsetzen, Schaffhausen umfahren und bei Singen an die Schwarzwaldautobahn anschließen soll, ist im Augenblick in der Diskussion. Rheinaufwärts hört die Großschifffahrt auf dem Strom bei Rheinfelden auf. Überlegungen der 70er Jahre liefen darauf hinaus, den Rhein zunächst bis Waldshut und später bis zum Bodensee schiffbar zu machen. Freilich geht es bei der Autobahn und der Schiffahrt um das Problem, wie die Industrialisierung in der Uferregion begrenzt und der Schutz des Hochrheintals als Kultur- und Erholungslandschaft gewährleistet werden kann.

BEVÖLKERUNG UND GESCHICHTE

Vor-, Ur- und Frühgeschichte. Das Hochrheintal ist altes Siedlungsland. Funde von Knochen- und Steinwerkzeugen, Rentiergravierungen auf Rengeweih und Feuerstellen in den Höhlen vom Schweizersbild bei Schaffhausen und im Keßlerloch bei Thaygen bezeugen die Anwesenheit von Rentierjägern in jener Gegend bereits für die jüngere Altsteinzeit. Bei dem heutigen Bad Säckingen besaßen mittelsteinzeitliche Jäger Lagerplätze. Ein dichtes Netz von Fundorten aus der Jungsteinzeit überzieht das linke Rheinufer. Vom Ende dieser Periode stammt auch das Groß-Steingrab bei Schwörstadt. Aus der Bronzezeit (1800–800 v. Chr.) rührt eine Niederlassung bei Sissach her. Schmuck, Arbeitsgerät, Waffen, Wälle und Spuren von Fluchtburgen aus der Hallstatt- (800–450 v. Chr.) und der La-Tène-Zeit (450 v. Chr.–Christi Geburt) bei Trüllikon und Jestetten-Altenburg lassen auf Bewohner schließen, die zu den Vorfahren der geschichtlich faßbaren keltischen Völkerschaften gehören. Mit Sicherheit waren Keltenstämme, die dem germanischen Druck aus dem Norden weichen mußten, im 1. Jh. v. Chr. südlich des Hochrheins ansässig: Helvetier im Schweizer Mittelland, Rauriker bei Basel und im Jura.

Vormarsch und Rückzug der Römer. Um der ständigen Bedrohung durch germanische Heerscharen zu entrinnen, brechen die Helvetier nach Gallien auf, werden aber von G. J. Caesar 58 v. Chr. zur Rückkehr gezwungen und als neue Bundesgenossen mit der Aufgabe betraut, das Römische Reich, dem ihr Heimatgebiet einverleibt wird, am Hochrhein zu verteidigen. Nach dem alsbaldigen weiteren Vorstoß der Römer nach Norden steht das Hochrheingebiet über zweieinhalb Jahrhunderte unter römischem Einfluß in Kultur, Wirtschaft, Verwaltung, Heerwesen und Verkehr. Augusta Raurica (Kaiseraugst) und das Legionslager Vindonissa (Windisch) werden gegründet, Tenedo (Zurzach) wird zur Sicherung der römischen Hauptstraße aus dem Süden nach Arae Flaviae (Rottweil) als Brückenkopf befestigt. Römische Gutshöfe, zum Beispiel Munzach bei Liestal, werden zur Bestellung von Feldern und Fluren errichtet. Antike Kulte und auch das Christentum – wie die spätrömischen Fundamente einer Kirche in Zurzach belegen – gewinnen Anhänger.

Alemannische Landnahme. Um 260 n. Chr. nehmen die Römer ihre Verteidigungslinie wieder an den Hochrhein zurück. Diokletian (284–305) sichert zwar die Grenze durch Kastelle, Valentinian I. (364–375) durch 30 Wachtürme, von denen Überreste am Rheinufer noch allenthalben zu sehen sind. Dann wird aber 401 durch die Abberufung der Legionen aus Gallien und Helvetien der Weg frei für das ungehinderte Eindringen der alemannischen Bauernkrieger. Es beginnt die Besiedlung des Hochrheintals. Wieviel Kelten oder Römer zurückgeblieben sind, ist unbekannt. Für gute nachbarschaftliche Beziehungen schon bei der Landnahme sprechen die zahlreichen hüben wie drüben wiederkehrenden Ortsnamen, zum Beispiel Hofstetten, Höllstein/Hölstein, Laufen, Oberwihl/Oberwil, Reckingen, Rickenbach, Stein/Steinen, Wallbach, Wittnau usw.; dazu kommen die vielen auf -heim oder -ingen endenden Ortsbezeichnungen. Das Volkstum beider Ufer präsentiert sich seit dem Mittelalter alemannisch in Sprache, Rechtsüberlieferung, bäuerlichem Hausbau, Dorfanlage, Wirtschaftsweise, geistiger und gegenständlicher Volkskultur.

Das Mittelalter. Unübersehbar sind bis zur Ausgliederung der Schweiz aus dem Deutschen Reich die Gemeinsamkeiten in der Geschichte der Bewohner auf beiden Seiten des Hochrheins. In der Zeit der Merowinger und Karolinger (6.–9. Jh.) stehen die Alemannen insgesamt unter der Oberhoheit der Franken. Wohl fallen nach den Verträgen von Verdun (843) und Ribemont (880) die linksrheinischen Lande westlich der Aare zunächst an Burgund, die Region östlich der Aare und das gesamte rechte Rheinufer an das Herzogtum Schwaben (917–1268). Doch ist das ganze Territorium von der Staufer-Ära bis zur Neuzeit Bestandteil des Heiligen Römischen Reiches Deutscher Nation. Drei Geschehnisse werden für das Alemannentum am Hochrhein bedeutsam:

1. Annahme des Christentums. Das Volk erlebt die Christianisierung durch Missionare, wie den heiligen Fintan oder den heiligen Fridolin. Klöster dienen dem Schutz der Mönche, der Vertiefung des Glaubens und der Pflege religiöser Kultur, zum Beispiel in Schaffhausen, Rheinau, Säckingen, Basel. Kirchen werden erbaut, deren romanische und gotische Spuren noch nicht verblichen sind. In die geistliche und kirchlich-administrative Betreuung teilen sich die Bistümer Konstanz und Basel.

2. Bau von Ritterburgen. Um eines geschützteren Wohn- und Wehrsitzes willen verlassen die Dorfadligen, meist Vertrauensleute ihres Lehensherrn, in der aufkommenden Feudalgesellschaft die dörflichen Herrenhöfe und beziehen befestigte Bauten auf Berggipfeln oder wasserumflutete Tiefburgen. Das Hochrheintal wird um 1300 eine der burgenreichsten deutschen Landschaften. Alemannische Ritter werden Träger höfischer Kultur. So treten einige als Minnesänger dichterisch hervor, wie Walter von Klingen und Wernher von Teufen.
3. Stadtgründungen. Zum Schutz von wachsendem Gewerbe, Handel und Verkehr entstehen am Hochrhein seit dem 11. Jh. eine Reihe von Städten. Es sind Niederlassungen von »Gemeinfreien« um eine Burg oder ein Kloster, die mit Wehrmauern umgeben und denen Markt- und Stadtrechte verliehen werden, zum Beispiel Rheinau (um 1200). Oder es sind Neugründungen durch Territorialherren zur Sicherung von Handel und Verkehr, wie die Brückenstädte Eglisau, Kaiserstuhl, Waldshut, Klingnau, Laufenburg, Rheinfelden. Bis 1300 entstehen links- wie rechtsrheinisch je sieben Städte, wozu die Doppelstadt Laufenburg kommt. Auf der linken Rheinseite wird Bülach 1384 zur Stadt erhoben. Rechts des Stroms erhalten vier Orte allerdings wesentlich später Stadtrang: Lörrach 1682, Rheinfelden (LÖ) 1922, Weil a. Rh. 1929 und Wehr 1950.
Insgesamt bringt es das mittelalterliche Schenkungs-, Verpfändungs- und Kaufsystem mit sich, daß der Rhein für geistliche und weltliche Besitzrechte als Grenze bis in die Neuzeit hinein unbekannt bleibt. Das Bistum Konstanz, die Abtei Säckingen, später auch St. Blasien beziehen Pfründe aus nachmals Schweizer Gebiet, das Bistum Basel aus dem

TIENGEN um 1780

Markgräflerland. Zähringer, Kyburger, Habsburger erweitern rheinüberschreitend ihre Hoheitsbefugnisse.

Politische Machtkämpfe. Territoriale Aufgliederung des Hochrheintals. Im 13. und 14. Jh. gelingt es den Habsburgern, eine starke Hausmacht mit ausgedehnten Besitzungen am Hochrhein aufzubauen. Allerdings erwächst ihnen in den Schweizer Eidgenossen eine schlagkräftige bäuerlich-bürgerliche Gegenmacht, die nicht nur alle Angriffe auf alte Freiheitsrechte abwehrt und Österreichs Ritterheer dreimal besiegt (1315, 1386, 1388) – ja sogar die kaiserlichen Truppen schlägt (1499) –, sondern die selbst, um die verhaßte Fürstenherrschaft zu brechen, auf Landgewinn im alemannischen Raum abzielt. So entreißen die Eidgenossen im 15. Jh. Habsburg das gesamte linksrheinische Gebiet von Schaffhausen bis Leibstadt westlich der Aare. Am Rheinknie wird Basel mit dem größten Teil des späteren Kantonsareals von Basel-Stadt und Basel-Landschaft 1501 »als eyn ander ortt« in die »Eydtgnoßschafft« aufgenommen. Habsburg-Österreich muß sich schließlich linksrheinisch für etwa drei Jahrhunderte mit dem Besitz des Dreiecks Leibstadt–Kaiseraugst–Staffelegg (Fricktal) bescheiden.

Rechtsrheinisch erhält Schaffhausen 1454 den Status als ein »der Eidgenossenschaft zugewandter Ort«, 1496 fällt Eglisau durch Kauf an Zürich. Von Schaffhausen bis Waldshut ist die Region von adligen und geistlichen Territorien durchsetzt (Krenkingen, Sulz, Schwarzenberg, Fürstenberg; Konstanz, St. Blasien). Hier beherrscht Habsburg am Hochrhein den südlichen Schwarzwald und Dinkelberg von Waldshut bis zum Grenzacher Horn.

Nördlich von Grenzach hat die Markgrafschaft Baden-Durlach Anteil am Hochrheingebiet, ohne aber im Süden den Strom direkt zu berühren.

Zu Beginn des 19. Jh.s ändern sich die Besitzverhältnisse grundlegend. Im Frieden von Lunéville (1801) wird linksrheinisch das Dreieck Leibstadt–Kaiseraugst–Staffelegg (Fricktal) dem neugeschaffenen Kanton Aargau zugeschlagen. Rheinau in der Schleife am linken Stromufer, wohl schon 1455 vom Abt Eberhard II. des Benediktinerklosters unter eidgenössischen Schutz gestellt, fällt als freies Reichsstift 1803 endgültig an den Kanton Zürich, so daß es linksrheinisch kein Land reichsterritorialen Charakters mehr gibt.

Am rechten Rheinufer hat Habsburg auf allen Besitz zugunsten des neugegründeten Großherzogtums Baden zu verzichten; auch erhält dieser Staat aufgrund der Mediationsakte im Westen das Markgräfler Land, im Osten die Landgrafschaft Stühlingen (Fürstenberg) und den größten Teil der Landgrafschaft Klettgau (Schwarzenberg) sowie die Besitzungen St. Blasiens und des Bistums Konstanz. Vom Klettgau gewinnt der Kanton Schaffhausen den Raum Hallau-Neunkirch und der Kanton Zürich das Rafzer Feld. Mit Ausnahme dieser beiden stromübergreifenden Kantone im Osten und Kleinbasels im Westen bildet so der Rhein seit Anfang des 19. Jh.s, also seit eindreiviertel Jahrhunderten, die Grenze zwischen der Schweiz und Deutschland. Verwaltungspolitisch haben heute Anteil am Hochrhein die baden-württembergischen Landkreise Waldshut (WT) und Lörrach (LÖ) und die Schweizer Kantone Schaffhausen (SH), Zürich (ZH), Aargau (AG), Basel-Landschaft (BL) und Basel-Stadt (BS).

Unruhen – Erschütterungen – Zerstörungen. Wohl kann das Hochrheintal auf viele Sehenswürdigkeiten und künstlerische Kostbarkeiten stolz sein. Allein der Landstrich ist von Kriegsgreueln und Verwüstungen nicht verschont geblieben, so daß manches Bauwerk und manche Kunstschätze der Vernichtung zum Opfer gefallen sind. Tiengen zum Beispiel wurde 1499 so sehr dem Erdboden gleichgemacht, daß es dort aus der Zeit vor 1500 kein Haus mehr gibt. Die Chronik verzeichnet:

917–926	Einfall der Ungarn. Brandschatzung und Verheerung von Basel und Säckingen.
1356	Erdbeben in Basel, Beschädigung von Rötteln, vermutlich auch der drei Raitbacher Burgen.
1400–1439	Judenverfolgungen mit massenweisen Judenverbrennungen in Schaffhausen und Basel.
1433–19. Jh.	Hauensteiner Einung, eine »freie Bauernrepublik« innerhalb habsburgischer Lande als Ergebnis einer – den Eidgenossen ähnlichen – Abwehrbewegung freier Rodungssiedler des Hotzenwaldes gegen Fürstenwillkür und geistliche Ansprüche. 1720 wegen des Versuchs des Stifts St. Blasien, die Leibeigenschaft einzuführen, Aufstand der Bauern, die Waldshut als Sitz der Waldvogtei 1727–1748 mehrmals belagern; »Salpetererkrieg«, benannt nach dem Anführer, Salpetersieder J. F. Albiez. 1739 und 1755 Strafexekutionen Österreichs. Niederschlagung des Widerstands erst Ende des 18. Jh.s, doch flammen Widersetzlichkeiten noch Anfang des 19. Jh.s auf.

RHEINAU

1444	Plünderung der Basler Landschaft, Beuggens, Waldshuts durch die Armagnaken, zügellose französische Söldnerscharen.
1468–1499	Schweizer-/Schwabenkriege. Völlige Zerstörung Tiengens. Eroberung der Küssaburg. Vorstoß der Schwaben bis in den Solothurner Jura. Nach der Niederlage der Kaiserlichen 1499 bei Dornach weitgehende Entfremdung zwischen Eidgenossen und Reich.
1524/25	Der Bauernkrieg erreicht Tiengen. Wiedertäufertum, Bildersturm in Waldshut. Zerstörungen in Rheinau. Besetzung von Rötteln durch die »Landsmannschaft« der Bauern. Schäden in Beuggen, Karsau und Riedmatt. Niederlage der Bauern auf dem Rafzer Feld.
1618–1648	Plünderungen in Laufenburg, Säckingen, Waldshut, Verheerungen im Kanton Schaffhausen. Grafschaft Hauenstein zeitweilig in französischer Hand. Zerstörung der Schopfheimer Tiefburg. Mehrmaliger Besitzerwechsel anderer Burgen. Durchzug französischer Truppen von Delsberg über Muttenz und Pratteln nach Rheinfelden. Kaiserliche Heere ziehen von Rheinfelden nach dem Sundgau.
1667–1702	In den Eroberungskriegen Ludwigs XIV. Heimsuchung zahlreicher Orte des Markgräflerlandes: Lörrach, Grenzach, Beuggen, Tüllingen, Friedlingen, Raitbach. Brandschatzung des Säckinger Münsters.
1798–1812	Napoleonische Kriege. Not und Elend durch Truppendurchzug und Stationierung, z. B. von 256 000 Mann und 79 000 Pferden in und um Bülach.

1847–49 Schweizer Sonderbundskrieg. Am badischen Hochrhein Waldshut, Säckingen, Lörrach Zentren der republikanischen Freiheitsbewegung; Kämpfe bei Dossenbach.

Seither ist das Hochrheintal, abgesehen von Einschränkungen der Freizügigkeit während der beiden Weltkriege, eine Landschaft mit einer Grenze, die dem Frieden dient, der gegenseitigen Respektierung, freundnachbarlichen Beziehungen und einträchtiger Zusammenarbeit.

KULTURSPIEGEL

Trotz vieler Zerstörungen besitzt das Hochrheintal in seinen schmucken Kirchen, in den alten, zum Teil immer noch bewohnten Klöstern und den würdigen Profanbauten einen reichen Schatz von Architektur-Denkmälern, die sich mit jenen anderer Landschaften messen können. Vom Schaffhauser Münster mit dem ehemaligen Allerheiligenkloster über die frühere Rheinauer Abtei mit ihrer prachtvollen Kirche, über das Säckinger Fridolinsmünster, die Zurzacher Verena-Kirche und die Tiengener Marienkirche bis zum Basler Münster werden an den meisten Gotteshäusern sowohl romanischer oder gotischer Stilwille wie auch Barock- oder Rokoko-Ausgestaltung offenbar. Namhafte Meister sind im 17. und 18. Jahrhundert am Hochrhein im Kirchenbau schöpferisch tätig, so Franz und Johann Michael Beer, Peter Thumb und Johann Caspar Bagnato.

Beeindruckende Rathäuser, zum Beispiel in Schaffhausen, Waldshut, Laufenburg, Rheinfelden (AG), Schopfheim, Liestal und Basel, erweisen sich genauso als künstlerische Wahrzeichen alemannischer Stadtkultur wie eine Reihe reizvoller Wohnhäuser, von denen zu den schönsten am Hochrhein zählen: das »Haus zum Ritter« in Schaffhausen, das

»Bemalte Haus« in Tiengen, das »Haus zur Linde« in Kaiserstuhl, das Bad Säckinger »Rheinbrückenhaus« und das »Wildsche Haus« in Basel.
Schließlich gelten neben wohlerhaltenen Burgen, wie Beuggen, Inzlingen, Laufen oder Wildenstein, die vielen Schlösser und Edelsitze, wie Berg a. I., Böttstein, Goldenberg oder Schwörstadt, als Kleinodien der Landschaft am Hochrhein.
Der Hochrhein ist aber auch Lebenswelt der Dichter und Schauplatz deutscher Dichtung. Für den in Basel geborenen Johann Peter Hebel (1760–1826) begeht der Hebelbund alljährlich in Lörrach eine »Schatzkästlein«-Feier. Josef Viktor von Scheffel (1826–1886), volkstümlichster deutscher Dichter im 19. Jh., lernt den Hochrhein als Säckinger Rechtspraktikant schätzen. In Glattfelden, der Heimatgemeinde der Eltern von Gottfried Keller (1819–1890), verbringt der Dichter einen Teil seiner Jugendjahre. Dem Liestaler Carl Spitteler (1845–1924) wird 1919 der Nobelpreis für Literatur zuteil. Schließlich erlebt Rainer Maria Rilke (1875–1926) im Winter 1920/21 auf Schloß Berg a. I. den Hochrhein aus unmittelbarster Nähe.
Vielfältig sind die Bildungs- und Kunsteinrichtungen der Gegend. Die Basler Universität ist alt und berühmt. In Lörrach gibt es seit 1982 eine Berufsakademie, die Pädagogische Hochschule wurde leider im März 1984 geschlossen. Schaffhausen und Liestal unterhalten Lehrerseminare. Volkshochschulen verteilen sich, abgesehen von den zentralen Einrichtungen, auf viele Nebenstellen. In den Musikschulen der größeren Orte, wie Schaffhausen, Waldshut, Tiengen, Zurzach, Bad Säckingen, Wehr, Rheinfelden, Liestal, Steinen, Lörrach, Weil, Basel, wird junger Künstlernachwuchs ausgebildet. Klingnau besitzt ein

Hochrhein-Kammerorchester, und Laufenburg hat einen »Michael Prätorius-Kreis«, in dem alte Musik bis ins 17. Jh. auf historischen Instrumenten gespielt wird. Gesang- und Musikvereine hüben wie drüben bestreiten Vortragsabende insbesondere in den nach 1945 auch in ländlichen Gemeinden errichteten Mehrzweckhallen. Fruchtbare grenzüberschreitende kulturelle Zusammenarbeit findet beredten Ausdruck, wenn die »Säckinger Kammermusik-Abende« vor schweizerischem und deutschem Publikum in der neuen Halle von Stein (AG) abgehalten werden, wo sogar das Stuttgarter Kammerorchester konzertiert. In Schaffhausen finden alle drei Jahre die berühmten Bach-Konzerte statt.

Wohl verfügt am Hochrhein nur Basel über ein ständiges Theater. Aber in Lörrach besteht eine Laienspiel-Bühne für Kleinkunst. 1966 wurden die »Burgfestspiele Rötteln« eröffnet, und Städte wie Schaffhausen, Waldshut, Zurzach oder Bad Säckingen werden mit Gast-Aufführungen von Zürich, Basel oder Freiburg i. Br. bedacht.

Ausstellungsräume für die schönen Künste, insbesondere für Malerei, oder Privatgalerien bestehen in Basel, Schaffhausen, Waldshut, Tiengen, Zurzach, Laufenburg, Bad Säckingen, Liestal, Rheinfelden, Wehr, Lörrach und anderswo. Einer auf Wertschätzung von Historie und älterem Kulturgut abzielenden Strömung nach dem Zweiten Weltkrieg verdanken viele neue Heimatmuseen ihre Entstehung. Museen sind zugänglich in: Augst, Basel, Beringen, Buus, Eglisau, Liestal, Lörrach, Marthalen, Neunkirch, Oberweningen, Rafz, Regensberg, Rheinfelden (AG), Bad Säckingen, Schaffhausen, Schopfheim, Waldshut, Weiach, Weil a. Rh. und Zurzach.

TOURISTIK: KUR, ERHOLUNG, SPORT

Unter den aufstrebenden Thermalbade- und Kurorten am Hochrhein behaupten Bad Säckingen und Zurzach den ersten Rang. Rheinfelden (AG) setzt als Solbad eine lange Tradition fort; auch die benachbarten Gemeinden Mumpf und Möhlin bieten Solbadekuren an. In den 60er und 70er Jahren hat eine Vielzahl von Orten Frei- und Hallenbäder, ja selbst beheizte Schwimmbäder errichtet. Meist im Zusammenhang mit dem Bedarf von Schulen oder Sportvereinen stehen der Bau von Sporthallen und die Schaffung von Sportplätzen.
Was Touristen besonders interessiert: Auf dem Strom laden immer wieder Boote zu Exkursions- oder Vergnügungsfahrten ein. Am Rhein entlang gibt es für die Spaziergänger Uferpfade und Promenaden mit entzückenden Ausblicken auf idyllisch-romantische Erdenfleckchen. Wer schließlich das Hochrheingebiet durchwandern will, dem eröffnen sich beidseits des Flusses und in den Seitentälern von Schwarzwald, Jura, Mittelland und Dinkelberg gut gekennzeichnete, bald schattige, bald sonnige Wege, die auch die malerische Höhenlandschaft queren. Mittendrin trifft der Beobachter auf teils stille verträumte,

teils überraschend vielfältige Naturschutzgebiete für seltene Gräser, Sträucher und Bäume, für Kleintiere, Wasser- und Sumpf-, Greif- und Singvögel, wie zum Beispiel bei Bechtersbohl, Beuggen, Dangstetten, Eichen, Flaach, Grenzach, Hänner, Hottingen, Klingnau, Koblenz, Leibstadt, Neerach, Rafz, Rheinau, Rötteln, Rüdlingen, Schneisingen, Steinen und Waldshut.

Trotz mächtigen und unaufhaltsamen Fortschreitens der Industrialisierung ist das Hochrheintal von »technischer Konstruktion« noch keineswegs so überwuchert, daß der Landschaftsfreund nicht die vielen bezaubernden Täler, die bewaldeten Höhen, romantischen Schluchten und verschwiegenen Rheinuferhänge, die stillen dörflichen Winkel und mittelalterlichen Ortskerne alter Städte genießen könnte und der Kunstfreund sich nicht an historischen und ästhetischen Kostbarkeiten in Kirchen, Kapellen, Schlössern, Rathäusern und Museen ergötzen könnte.

Es drängt einen geradezu, mit dem bekannten Geographen Friedrich Metz auszurufen: »Im Anblick des wunderbaren Landschaftsbildes ... hat für die Zusammenhänge über den Strom hinweg kein geringerer ... als Gottfried Keller als Schweizer die Formel gefunden:

> Da rauscht das grüne Wogenband
> Des Rheines Wald und Au entlang;
> Jenseits mein liebes Badnerland
> Und hier schon Schweizer Felsenhang.
> Wohl mir, daß ich dich endlich fand,
> Du stiller Ort am alten Rhein,
> Wo ungestört und ungekannt
> Ich Schweizer darf und Deutscher sein.«

WALDSHUT

ABC DER HOCHRHEINORTE

Aaretal (AG). Nach Aufnahme von Reuß und Limmat fließt die am Aaregletscher entspringende Aare, deren Einzugsgebiet nahezu die halbe Schweiz umfaßt, in nördlicher Richtung. Stauung bei Klingnau zu einem künstlichen See, Mündung südwestlich von Koblenz in den Rhein. Unteres Aaretal erheblich industrialisiert, Wasser- und Atomkraftwerke, so Beznau I und II sowie Leibstadt.
Albbruck (WT), an der Mündung der Alb in den Rhein. Ausgangspunkt für Süd-Nord-Wanderungen in den Schwarzwald und für Ausflüge auf dem Ost-West-Höhen-Querweg bis Rheinfelden. Rheinpromenade mit Blick auf Gletschermühlen. Mit Kraftwerk Albbruck-Dogern Beginn verstärkter Industrialisierung. Vor allem ist die modern ausgerüstete Papierfabrik für das Umland von großer wirtschaftlicher Bedeutung. Schwimmbad.
Albtal (WT). Das Tal der Alb, die am Feldberg entspringt, den Hotzenwald durchfließt und bei Albbruck in den Rhein mündet, verdankt zahlreichen Schluchten, Klüften, Steilwänden und aus dem Fels gehauenen Straßentunnels seinen romantisch-pittoresken Charakter. Reizvolle Wanderstrecke von Albbruck nach St. Blasien über Hohenfels,

Tiefenstein (mit spärlichen Resten der 1272 zerstörten gleichnamigen Burg), Görwihl (siehe Görwihl) und Immeneich.
Altenburg (WT), nördlich der westlichen Rheinschleife bei Rheinau in verwunschener Rückzugslandschaft. Spuren von Wall und Graben sowie Keramikfunde lassen auf eine helvetische Wehrsiedlung (1. Jh. v. Chr.) beidseits des Stroms schließen.
Andelfingen (ZH). Mittelpunkt des zürchschen Weinlandes mit gotischem Kirchturm und eindrucksvollen Fachwerkhäusern, zum Teil aus dem 17. Jh. Schloß von 1779, heute Altersheim. Von Groß- nach Kleinandelfingen gedeckte Holzbrücke (1815). Durchgangsverkehr seit 1958 über die 293 m lange »Weinlandbrücke« über die Thur oberhalb des Dorfes. Ausgangspunkt für Wanderungen am Thurufer.
Arisdorf (BL). Reformierte Kirche von 1595, ländlich-barockes Pfarrhaus von 1684 und Bauernhöfe mit teils spätbarocken, teils klassizistischen Elementen.
Arlesheim (BL), siehe »Dreieckland-Fibel«.
Augst (BL). Wein- und Ackerbaudorf unweit der 44 v. Chr. von M. Plancus gegründeten, 260 n. Chr. zerstörten römischen Stadt Augusta Raurica. Freigelegt: antikes Theater, in dem sommers Freilichtspiele aufgeführt werden, Amphitheater, Forum, Basilika, Curia, Tempel, Thermen, Türme. Ein nachgebildetes Römerhaus birgt als Museum reichhaltige Funde, unter anderem den kostbaren Silberschatz aus Kaiseraugst. 1913 Inbetriebnahme des Kraftwerks Augst-Wyhlen mit 212 m langem Stauwehr.
Bärenfels (WT). Oberhalb Wehr auf einsamem, das Wehratal beherrschenden Bergkegel Mauerreste und Rundturm einer bereits im Spätmittelalter unbewohnten Burg. Südöstlich

davon die sogenannte »Heidenmauer«. Unterhalb Bärenfels Überbleibsel der Burg Werrach.
Basel (BS), siehe »Dreieckland-Fibel«.
Berg am Irchel (ZH). Im noch bäuerlichen Dorf massiver Kirchturm; am Zehntenhaus (1531–1558) des Klosters Rheinau eindrucksvoller Türsturz. Im schmucken Schloß (1642) mit klassizistischer Orangerie (1800) Aufenthalt Rainer Maria Rilkes im Winter 1920/21. Sehenswert auch das 1667 umgebaute Schloß Eigenthal von 1588.
Beringen (SH). Vom ehemaligen Vogteisitz (11./12. Jh.) Turm- und Palasreste sowie Zisterne noch erhalten. Ortsgeschichtliches Museum.
Beugen (LÖ). Ehemalige Deutschordenskommende, erbaut Anfang des 13. Jh.s als Tiefburg zwischen Rhein und Uferhang. Rittersaal mit schöner Balkendecke, die auf einer mächtigen Holzsäule von 1246 ruht. Ausbau zur Wehrburg 1268. Erweiterungsbauten 1752–1757 durch Johann Caspar Bagnato, der auch die Ordenskirche ausgestaltet hat. Außer dem Tor (1534) zum Burgbezirk, prachtvollem Stiegenhaus und Karyatidenportal zahlreiche bauliche Erlesenheiten in der von den Wellen des Rheins umspülten, efeuumsponnenen Burganlage. Heute evangelische Tagungsstätte. Burg und Umland unter Denkmal- und Naturschutz.
Beznau (AG), an der unteren Aare. 1902: Wasserkraftwerk in Betrieb genommen, 1948: thermisches Kraftwerk, 1969: Atomkraftwerk I, 1971: Meiler II. In der Nähe Forschungszentrum.
Birsfelden (BL), siehe »Dreieckland-Fibel«.

RUINE DER KÜSSABURG
Anfang des 19. Jh.s

Böttstein (AG). Die Besitzer des von der Familie von Roll zu Beginn des 17. Jh.s erbauten Renaissanceschlosses müssen sich heute mit der unmittelbaren Nähe des Atommeilers Beznau abfinden. Die Schloßkapelle besitzt prachtvolle Innenausstattung im Stil des italienischen Frühbarocks. Betrieb einer Mühle von 1607 mit angeblich größtem Wasserrad Europas (10,7 m Durchmesser).
Brombach (LÖ), siehe »Dreiecklandfibel«.
Bühl (WT), bekannt durch steinzeitliche Funde und durch die 1707–1710 von Franz Beer über dem Grab der heiligen Notburga, der Patronin des Klettgaus, erbaute Kirche mit eleganter Ausstattung im Übergangsstil vom Barock zum Rokoko. Wallfahrtstag letzter Augustsonntag.
Bülach (ZH). 1384 mit Stadtrecht versehener, einst befestigter malerischer Ort, der nach der Verpfändung an Zürich durch Österreich von 1409 bis 1798 mit mehreren Dörfern zu einer Zürcher Obervogtei gehörte, gleichzeitig aber unter einem von Österreich bestellten Rat und Schultheiß stand. Reste der alten Stadtmauer in Häuserzeilen erkennbar. Reformierte Kirche mit Renaissancekanzel (1651) und einem der höchsten Türme des Kantons. Im Saal des Rathauses (1672/73) schöne Kassettendecke und als Prunkstück ein reich verzierter Pfau-Ofen. Einkehr Goethes auf seiner dritten Schweizer Reise 1797 in dem schon 1474 erwähnten Gasthof »Zum Goldenen Knopf«. In der Nähe historisch bedeutsame Funde: keltisch-alemannische Fliehburg, römische Gutshöfe.
Buus (BL). Im würdigen, später umgebauten reformierten Pfarrhof von 1543 bemalte Holzdecke, schöne Kachelöfen, Wendeltreppe und Deutschordenswappen über dem

Eingang. Museum für bäuerliche Volkskultur im einzigen im Kanton noch vorhandenen »Ständerhaus« (16. Jh.). Vom Dorf aus Rundwanderweg zur Ruine Farnsburg.

Dangstetten (WT), mit Überresten eines römischen Kastells und einer dazugehörigen Ansiedlung aus dem 2. Jahrzehnt v. Chr. Ehemaliger Tagungsort des »Freien Kaiserlichen Landgerichts«. Naturschutzgebiet für Orchideen und Küchenschellen.

Dättlikon (ZH). Im romanischen Kirchenschiff Wandmalereien des Jüngsten Gerichts (erstes Drittel des 14. Jh.s). Die mit figürlichen Intarsien geschmückte Orgel (um 1700) stammt aus der Kapelle der Zürcher venezianischen Gesellschaft.

Degernau (WT), im Wutachtal. Frühgeschichtliche Funde, Großsteingrab, Kultstein. Schmuckstücke der Kirche sind spätbarocker Hochaltar und Spätrenaissance-Madonna.

Dielsdorf (ZH). Bezirkshauptort mit markanten Riegelbauten aus dem 18. Jh. Moderne katholische Kirche (1960–1962): Vier große Giebeldächer bedecken den Gesamtkomplex von Chor, Langhaus, Kapelle und Pfarrhof. Geräumiges reformiertes Pfarrhaus und Zehntscheuer aus der Mitte des 17. Jh.s.

Dinkelberg. Verkarstetes Muschelkalkplateau zwischen Rhein, Wehra und Wiese am Südwestrand des Schwarzwalds. Vom Aussichtsturm des Hoh Flums (535 m) prachtvoller Rundblick. Über den Berg führt der Wanderweg Basel–Pforzheim, durch ihn hindurch ein 3169 m langer Eisenbahntunnel.

Dogern (WT). Katholische Kirche mit barock gestaltetem Innern und klassizistischem Hochaltar. Im Hintergrund des kleinen Zwiebelkirchturms ragt heute links des Rheins der riesige Kühlturm des Atommeilers Leibstadt empor. Wasserkraftwerk.

Dorf (ZH). In der spätgotischen reformierten Kirche barocker Taufstein (1662) mit Allianzwappen derer von Goldenberg. Schloß Goldenberg besitzt Wohn- und Wehrturm, Wandmalereien, Stuckdecken (1730) und prachtvolle (Turm-)Öfen aus dem 18. Jh.
Dornach (SO), siehe »Dreieckland-Fibel«.
Dossenbach (LÖ), bekannt durch Obstbau, besonders Kirschen. Dorf nach Feuersbrunst 1851 neu erbaut. 1848 siegten in der Nähe des Ortes württembergische Truppen über revolutionäre Freischaren Georg Herweghs, Gedenkstein auf dem Friedhof.
Döttingen (AG), durch Industrialisierung mit Klingnau zusammengewachsen. Wegkreuz von 1707. Winzerfest im Herbst.
Eglisau (ZH), mittelalterliche Kleinstadt zwischen Rebhängen und ruhig dahinfließendem Rhein. In der nur aus drei Häuserreihen bestehenden Altstadt entzückende Gebäude, unter anderem der »Hirschen«, in dem Goethe auf seiner dritten Schweizer Reise abgestiegen ist. In der barockisierten reformierten Kirche (13. Jh.) gotischer Chor mit sehenswerter Wandmalerei (Ende des 15. Jh.s). Ortsgeschichtliches Museum. Mineralquelle mit vorzüglichem Wasser. Elegante Steinbogen-Eisenbahnbrücke. Seit 1919 Wasserkraftwerk.
Eichen (LÖ). Östlich des Bauerndorfes der idyllisch gelegene »Eichener See«, eine meist trockene Wiesenmulde, in die sich auf einer Fläche bis zu 30 ha periodisch, jedoch unregelmäßig Wasser ergießen, die bis zu einer Höhe von 3 bis 4 m ansteigen können und so lange einen See bilden, bis sie im porösen Kalkstein Abfluß finden. 1772 sollen bei der plötzlichen Überflutung fünf Menschen ums Leben gekommen sein. Naturschutzgebiet.
Eichsel (LÖ), am Südhang des Dinkelbergs. Frühgeschichtliche »Hünengräber«. In der

katholischen Kirche gotisches Vortragskreuz; Monstranz, gestiftet vom Beuggener Deutschordenskomtur. Jeweils am dritten Julisonntag Wallfahrt zu den drei heiligen Jungfrauen Kunigunde, Mechthildis und Wibrandis, die hier begraben liegen sollen. Kunstvoller Jungfrauenbrunnen.

Ellikon a. Rh. (ZH), Fischerdorf; beliebtes Ausflugsziel mit Wandermöglichkeit auf dem Hochwasserdamm des Rheins. Fährenstandort und Zollstation. Am dritten Sonntag vor Ostern Brauch des »Lichterschwemmens«.

Embrach (ZH), Straßendorf mit Keramikerzeugung dank reicher Lehm- und Tonvorkommen. Barockisiertes altes Amtshaus aus dem 16. Jh., Riegelbau des Pfarrhofs aus dem 17. Jh.

Endingen (AG), früher (ab 1774) einer der beiden für Juden geschützten Schweizer Orte. Gegen hohe Abgaben Niederlassungsmöglichkeit für Juden, die beruflich nur Handel treiben und in Geldgeschäften tätig sein durften. Synagoge von 1845 in maurisch-klassizistischem Stil. Die Endinger und Lengnauer jüdischen Gemeinden hatten einen gemeinsamen Friedhof, heute eine der stimmungsvollsten Stätten des Kantons mit zahlreichen Grabsteinen aus dem 18. und 19. Jh. unter hohen alten efeuumsponnenen Bäumen.

Ergolztal (BL). Die an der Geißflue entspringende und bei Augst in den Rhein mündende Ergolz nimmt von Süden sechs Nebenflüsse auf, die die Landschaft in einzelne Blöcke gliedern. Dank Wasserkraft, verkehrsoffener Lage und Bodenschätzen frühe Industrialisierung. Das untere Ergolztal mit Sissach, Liestal, Pratteln erfüllt heute eine Art Vorortfunktion von Basel.

Erzingen (WT), einziges weinbautreibendes Dorf des Klettgaus. Errichtung neuer Bergkapelle zum Dank dafür, daß der Ort im Zweiten Weltkrieg von Evakuierung verschont blieb. Dorfpark; beheiztes Freibad.

Fisibach (AG), westlich von Kaiserstuhl, besitzt Kapelle (17. Jh.) mit vier Heiligen-Wandgemälden im Chor, Fachwerk-Mühle aus dem 17. und Gasthaus »Rößli« aus dem 18. Jh.

Flaach (ZH), Straßendorf mit Rebgütern, von denen der »Flaachemer« (Wein) stammt. An der 1610–1619 neuerbauten reformierten Kirche spätgotische Portale; Barockkanzel von 1647. Malerische Gebäude aus dem 17./18. Jh. mit auffallenden Lauben, teils auch mit Staffelgiebeln: Gasthöfe »Ober-« und »Unter-Mühle«, »Alte Post«, »Zur Traube«. Das Schloß (17. Jh.) hat achteckigen Treppenturm unter einem Zeltdach. Zum Rhein hin ein Paradies für Greif-, Sing- und Wasservögel.

Freienstein (ZH). Auf einer Anhöhe die 15 m hohe Turmruine einer 1254 bezeugten, 1443 aber wegen Raubritterunwesens der Besitzer zerstörten Burg. Seit 1838 im Ort eine 40 bis 50 Jugendliche betreuende »Evangelische Erziehungsanstalt« mit Gutsbetrieb.

Frenkendorf (BL), siehe »Dreieckland-Fibel«.

Frick (AG). Mit Gipf und Oberfrick zusammenwachsender, vorwiegend vom Gewerbe lebender Ort; aber immer noch umgeben von Rebbergen und Kirschbaumgärten. Auf einer Anhöhe katholische Kirche von 1716 mit vermutlich von der Kaiserin Maria-Theresia geschenktem Hochaltar. Die Kreuzigungsgruppe in der Friedhofskapelle gilt als Meisterwerk der Barockbildhauerei im Kanton. In Gipf-Oberfrick künstlerisch hervorragende

Skulptur der heiligen Anna Selbdritt (um 1480). Östlich von Oberfrick an bewaldetem Berghang mit weitem Ausblick über den Rhein Reste der Burg Alt-Tierstein. Waldlehrpfad Frickerberg. Im Fricktal an Ostern Brauch der »Eieraufleset«.

Glattfelden (ZH), Dorf mit eindrucksvollen Riegelbauten. Industriebetriebe seit Mitte des 19. Jh.s im Ort. Spätgotische Kirche mit Kanzel von 1745 und Taufstein von 1767. Heimatdorf der Familie Gottfried Kellers, der sich hier in jüngeren Jahren mehrmals aufgehalten und dem Ort und einigen seiner Bewohner im »Grünen Heinrich« ein dichterisches Denkmal gesetzt hat. Gottfried-Keller-Brunnen von 1940 mit der Darstellung des »Grünen Heinrich« als Jüngling.

Görwihl (WT), in waldreicher Lage mit respektablen Bauernhöfen. Ehemaliger Hauptsitz der größten der acht Einungen der Grafschaft Hauenstein (siehe Hauenstein), die den Redmann wählten. Im 18. Jh. Mittelpunkt der Salpetererunruhen. 1971 als »staatlich anerkannter Erholungsort« ausgezeichnet. Das evangelische Albert-Schweitzer-Haus ist Freizeitstätte. Im Ort auch »Institut für seelenpflegebedürftige Kinder Sonnenhalde«, Hallenbad mit Liegewiese. Unweit Unteralpfen ein Steinkreuz von 1776, das »Feiste Herrgöttle«.

Gurtweil (WT), im unteren Schlüchttal. Nach dem Brand von 1660 kastenartig erneuertes Schloß, einst Sommerresidenz der Äbte von St. Blasien, heute Heim junger Mädchen.

Hänner (WT), auf einer Anhöhe des Murgtals. Beim Dorf das 1477 urkundlich erwähnte »Wuhr«, ein künstlich angelegter Wasserlauf (früher in der Gegend häufig anzutreffen). »Alter Weiher«: Naturschutzgebiet mit interessanter Flora.

Hasel (LÖ). Beliebtes Ausflugsziel am Hotzenwald-Querweg ist die Erdmannshöhle, eine schon im 14. Jh. bekannte Tropfsteinhöhle von 3,28 km Gesamtlänge, wovon 560 m begehbar sind. Darin formschöne monumentale Gesteinsbildungen, teils von oben nach unten (Stalaktiten), teils von unten nach oben wachsend (Stalagmiten). In der Nähe Reste eines Holzflößerkanals zur Wiese. Eine Glocke im Kirchturm gilt als eine der schönsten im Markgräflerland.

Hauenstein (WT), mit rund 200 Einwohnern vor der Eingemeindung durch Laufenburg (1972) kleinste Stadt Deutschlands in einer Talenge zwischen Rhein und vorspringendem kristallinem Schwarzwaldfels (324 m); auf diesem die Ruine der einst mächtigen, 1503 durch Brand zerstörten Burg, die der Grafschaft Hauenstein den Namen gab. Die Stadt war Zentrum der »Hauensteiner Einung« von 1433, einer Hotzenwälder »Bauernrepublik«, und Herd Jahrhunderte währender Verteidigungskämpfe alter Volksrechte gegen Habsburg und St. Blasien. Alljährlich am 19. März bei der Josephskapelle (1685) das von den Bewohnern der Dörfer der alten Grafschaft Hauenstein vielbesuchte Josephsfest.

Hausen i. W. (LÖ), siehe »Dreiecksland-Fibel«.

Hellikon (AG). St.-Wendelin-Kapelle aus dem 16. Jh., besitzt wertvolle spätgotische Plastiken. Die Mühle von 1815 ist charakteristisch für die Art des Giebelbaus im Fricktal.

Hemmiken (BL), altes Steinhauer-Dorf mit zahlreichen Häusern, an denen kunstvolle Türstürze vor allem aus der ersten Hälfte des 19. Jh.s prangen. Ausgangspunkt für Rundwanderung über Gelterkinden und die Ruine Farnsburg.

Herten (LÖ). Am Rheinufer ein gänzlich freigelegtes Feld mit rund 370 frühalemannischen Gräbern; darin viele historisch wertvolle Beigaben in Form von Gefäßen und Schmuck. Gegen Wyhlen zu die Ruine Hertenberg.

Hochsal (WT). Im Erdgeschoß des massiven Kirchturms (des »Alten Hotzen«, Blick auf die Landschaft von Zurzach bis Bad Säckingen) Chor mit spätgotischer Sakramentsnische von 1460 und den Heiligenfiguren Pelagius und Oswald; Langhaus mit Rokokostuck verziert; barocker Hochaltar lediglich eine Nachbildung. Mechthildis-Sarkophag von 1088 (?) in der Krypta. Im Keller des 1610 als Sommersitz für eine Säckinger Äbtissin erbauten Pfarrhauses vermutlich zeitweiliger Aufenthalt Kaspar Hausers.

Hohentengen (WT). Katholische Kirche – 1954 durch Brand zerstört –, wahrscheinlich erbaut auf Fundamenten eines karolingischen Gotteshauses. Am Steilufer des Rheins die St.-Antonius-Kapelle (1599) mit wenigen Überresten von Wandgemälden und kleiner Verena-Statue. In der Nähe keltischer Ringwall und keltisches Reihengrab.

Höllstein (LÖ), siehe »Dreiecklands-Fibel«.

Hornussen (AG), für den unteren Jura repräsentatives Dorf mit imposanten Steinbauten aus dem 16. bis 19. Jh., zum Beispiel dem Herzog-Haus von 1595. Die katholische Kirche (1710–1712) ist charakteristisch für den ländlichen Sakralbau der Gegend.

Hotzenwald (WT). Bewaldete, von zahlreichen Flußläufen und Taleinschnitten zerklüftete Höhenlandschaft (etwa 700 bis 900 m hoch) des Südschwarzwalds zwischen Wehra, Schlücht und Rhein. »Pflanzen-, haus- wie allgemein kulturgeographisches und volkskundliches Rückzugsgebiet«, das sich heute nach und nach dem Tourismus erschließt. Eine Kernzone des Hotzenwaldes ist die ehemalige habsburgische Grafschaft Hauenstein.

Hüttikon (ZH). Ein Ständer-Fachwerkbau mit Wohnung, Ställen und Scheune unter einem Dach ist das letzte noch erhaltene Strohdachhaus (1652) im Kanton Zürich.
Inzlingen (LÖ), siehe »Dreieckland-Fibel«.
Jestetten (WT), in der ruhigen Grenzlandschaft des sogenannten »Jestetter Zipfels«. Östlich des Ortes alte Römerstraße und gewaltige 8 bis 9 m hohe Pfeilerstümpfe einer ehemaligen römischen Steinbrücke. Spätgotischer Glockenturm von 1540. Im Chor der katholischen Kirche Sakramentshäuschen. Ehemaliges Schloß der Grafen von Sulz, heute Kreisalters- und Pflegeheim. Unweit Spuren keltischer Wehrsiedlung (siehe Altenburg). Im Dorf Sportplatz mit Aschenbahn.
Kadelburg (WT), kleiner angenehmer Erholungsort unmittelbar am Rhein mit Fährbetrieb, früher bekannt durch gefährliche Stromschnellen, den Kadelburger/Koblenzer »Laufen« (siehe Koblenz). Älteste evangelische Kirchengemeinde im Landkreis Waldshut.
Kaiseraugst (AG). Dorf auf dem Boden des alten »Castrum Rauracense«, das – nach der Zerstörung von »Augusta Raurica« durch die Alemannen – um 300 n. Chr. von Diokletian als befestigter Ort aufgebaut wurde. Der Hauptstraße des römischen Lagers entspricht heute noch die Längsgasse des Dorfes. Umfangreiche Ausgrabungen. 1961/62 Fund des wertvollen Silberschatzes (siehe Augst). 1442 Teilung des Dorfes in Kaiseraugst und Augst (BL).
Kaiserstuhl (ZH), kleine alte und schöne Stadt, gegründet 1254 von den Freiherren von Regensberg zur Sicherung ihres Besitzes und des Rheinübergangs. Vom massiven Oberen Turm (12./13. Jh.) steiler Abfall der Hauptstraße mit ihren spätgotischen malerischen

DIE RHEINSCHNELLEN BEI LAUFENBURG 1789

Häusern, indes die linke und die rechte Seitengasse, weil schräg verlaufend, sanfter zum Strom führen. Rokoko-»Haus zur Linde« (1764), eines der schönsten Bürgerhäuser des Aargaus. Sehenswert: Bürgerspital (1484), Marschallhaus (nach 1764), die 1609 erweiterte reformierte Kirche mit Fresken und Rokokokanzel von 1756, ehemaliges sanktblasianisches Amtshaus (1562–1564), altes Rathaus (1617), Gasthaus »Zur Krone«. Gegenüber dem verträumten Städtchen auf dem badischen Ufer die Burg Rotwasserstelz (siehe Rotwasserstelz). Auf der Brücke moosbedeckte Nepomukstatue (1752).

Kaisten (AG), mit Resten eines römischen Wachturms. In der katholischen Bergkirche eindrucksvolle Barockkanzel. Burgruine aus dem 12./13. Jh.

Klettgau, fruchtbare rechtsrheinische Hügellandschaft zwischen Randen, Schaffhausen und Wutachmündung. Von 1687 bis zum Beginn des 19. Jh.s war das Gebiet zumeist fürstlich-schwarzenbergisch mit Tiengen als Hauptort der Landgrafschaft Klettgau.

Klingnau (AG), Kleinstadt am rechten Aareufer, 1239 von Ulrich II. von Klingen nach Plan angelegt. Im Zentrum ovaler Platz mit mittelalterlichen giebelverzierten Häusern, Brunnen und einer 1969 umgebauten spätgotischen Kirche mit Chor von 1490 und Barockhochaltar (1704). Renovierte Burg, in der im 13. Jh. der Minnesänger Walter von Klingen lebte, mit stolzem Bergfried. In der Unterstadt ehemalige Johanniterkommende und Propstei (1746–1753) St. Blasiens, heute Schule. Entzückende Lage der Lorettokapelle (1660–1662) auf einer Anhöhe. Aare-Stausee ist Standgebiet zahlreicher Arten von Wasservögeln. Kraftwerk.

Koblenz (AG), nordöstlich der Mündung der Aare in den Rhein; Namensableitung von lateinisch »confluentes« (die Zusammenfließenden). Bahn-, Straßen- und Zollübergang nach Waldshut. Oberhalb des Ortes der Kadelburger/Koblenzer »Laufen«, die Stromschnellen »summa rapida« der Römer (siehe Laufenburg). Zwischen Felsenau und Gippingen Auwald mit Scharen von Sumpfvögeln.

Küssaburg (WT), oberhalb Bechtersbohl. Großartige Ruine einer im 9. Jh. erwähnten, im 16. Jh. durch die Grafen von Sulz zu einer Festung ausgebauten, im Dreißigjährigen Krieg zerstörten Burg, von der noch Mauern, ein vier Stockwerke hoher Turmstumpf und Schießscharten zeugen. Von dem auf waldigem Wanderweg erreichbaren 630 m hohen Bergsattel, auf dem schon ein römischer Wachturm stand, überwältigender Blick auf Alpen, Jura, Rhein und südlichen Schwarzwald. Jugend-, Vereins- und Volksfeste auf dem romantischen »Schloßhof« erfreuen sich großer Beliebtheit. Auf Gemarkung Bechtersbohl Naturschutzgebiet für Orchideen und Geißklee.

Laufen (ZH). In neugotischem Stil romantisch erneuertes Schloß aus dem 12. Jh. auf malerisch bewaldetem Uferfelsen, von wo aus sich der Rheinfall von Schaffhausen in seiner elementaren Großartigkeit am eindrucksvollsten darbietet. Eine der reizvollsten Stätten des Hochrheintals. Von 1544 bis 1798 Sitz von Zürcher Vögten, heute Jugendherberge und Gaststätte.

Laufenburg (AG), die ehemalige größere Ortshälfte einer kleinen, durch die Mediationsakte von 1803 politisch getrennten Doppelstadt, wobei Großlaufenburg, die »mehre« Stadt links des Rheins, dem Aargau zugeschlagen wurde, indes die »mindere« Stadt Kleinlaufenburg im Frieden von Preßburg 1805 an Baden fiel. Die 1207 an einer Rheinverengung

erbaute, stets durch eine Brücke verklammerte Doppelsiedlung war als eine der vier »Waldstädte« am Hochrhein 600 Jahre habsburgisch. Altertümliches Ortsbild insbesondere durch: spätgotisches Rathaus (um 1600), Gerichtsgebäude (1525) und Stadtkirche (1489), beide barockisiert, spätgotische und barocke Bürgerhäuser, Bergfried der ehemaligen Habsburger Feste, reizvolle Brunnen und verwinkelte Gassen. Die Laufenburger Stromschnellen (»media rapida«), über die einst die Schiffe leer abgeseilt und hindurchgesteuert wurden, schildert anschaulich Emil Strauß in der Novelle »Der Laufen«; sie wichen dem Bau eines Kraftwerks mit Schleuse (1909–1914). Dadurch versiegte auch der früher ergiebige Lachsfang.

Laufenburg (WT), auch Kleinlaufenburg, Kleinstadt rechts des Rheins mit malerischer Einfahrtgasse, barock überdachtem Rathaus (1526), eindrucksvoller Kirchentreppe und entzückendem Nahblick auf Laufenburg (AG). Ausgrabungen, Funde und Rekonstruktionen auf dem Sittfeld bei Rhina belegen, daß römische Truppen bereits im 1. Jh. n. Chr. die Südabdachung des Schwarzwaldes besetzt hatten. Gemeinsames überliefertes Fasnachtsbrauchtum in beiden Laufenburg lebendig: Narro- oder Altfischerzunft, »Tschättermusik«, Umzug mit dem »Blätzlehäs«. Das bewaldete Ufergelände verleiht der Doppelstadt malerisches Aussehen. Ausflugsziele: Schlößle, Rathenau-Ufer, Codmannanlage.

Lausen (BL), siehe »Dreieckland-Fibel«.

Leibstadt (AG), Standort eines Atommeilers. Im Ortsteil Bernau eine für die Familie von Roll 1672 erbaute Begräbniskapelle. Stausee am Rheinufer begünstigt Überwinterung von Schwimmvögeln.

SÄCKINGEN

Lengnau (AG). In der alten katholischen Kirche schöne Kanzel. Früher (seit dem Ende des 18. Jh.s) mit dem benachbarten Endingen gegen hohe Abgaben geschützter Wohnort von Juden. Klassizistisch-neugotische Synagoge von 1845.

Liestal (BL), siehe »Dreieckland-Fibel«.

Löhningen (SH) hat eine 1606 neu erbaute reformierte Kirche mit Kanzel aus Holz aus demselben Jahr und Taufstein, vermutlich aus dem 14. Jh.

Lörrach (LÖ), siehe »Dreieckland-Fibel«.

Lottstetten (WT), im verschwiegenen Jestetter Zipfel. Mittelalterlicher Turm (vermutlich 14. Jh.). In der barocken katholischen Kirche prächtige Innenausstattung; erhabene Kanzel (18. Jh.), Altäre, Bildnis der »Schwedenmadonna«.

Maisprach (BL), stattliches Winzerdorf mit spätgotischen und barocken Rebbauernhäusern. Reformierte Kirche inmitten eines ummauerten Friedhofs, darin Barockkanzel (1661) und bemalte Balkendecke (um 1700). Mühle von 1637, dazugehöriger Gebäudekomplex aus dem frühen 18. Jh.

Mandach (AG). Restaurierte reformierte Kirche (11. Jh.) mit Wandbild der Ölbergszene (16. Jh.). In der Nähe Ruinen der seit dem 15. Jh. aufgelassenen Wessenberg-Burg.

Marthalen (ZH), mit sehenswerten Riegelbauten: alter Bauernhof (1569), sogenanntes »Altes Gasthaus« (1666), »Unterer Hirschen« (1715) mit schmuckem Portal (heute Rathaus), »Oberer Hirschen« (1739); Barockbrunnen von 1729. Ehemaliges Schloß der Untervögte aus dem 16. Jh. Im Schützenhäuschen von 1781 Ortsmuseum. Außerhalb des Dorfes ein von Pappeln und Weiden umstandener idyllischer See.

Maulburg (LÖ), siehe »Dreieckland-Fibel«.
Mellikon (AG) besitzt ein spätgotisches Schloß (1561) mit einer Kapelle von 1645. Beim Ort reiches Vorkommen von Kalkstein, der mit einer Luft-Seilbahn zur Sodafabrik Zurzach befördert wird. Stausee am Rheinufer.
Mettau (AG). An den spätgotischen Turm (1670) ließ das Frauenkloster Säckingen 1773–1776 eine beeindruckende spätbarocke Saalkirche anbauen; innen geschmackvolle Rokokostukkatur und Deckengemälde. Das 1978 renovierte Gotteshaus gilt als eine der schönsten Kirchen des Fricktals.
Möhlin (AG), Solbad. Aus sieben Weilern bestehende Gemeinde in welliger Tallandschaft. Reste eines römischen Wachtturms. Katholische Kirche von 1607 mit beachtlichem Inventar, Altären, Kanzel, Deckengemälden (17./18. Jh.). Alte markante Bauern- und Bürgerhäuser sowie Mühlen (16.–18. Jh.). Im Naturschutzgebiet am Rhein Weißstorchenparadies. Im Ortsteil Riburg grenzüberschreitendes Kraftwerk Riburg–Schwörstadt. Salinen Riburg und Schweizerhalle (Pratteln) decken den gesamten Salzbedarf der Schweiz.
Mumpf (AG), altes Fischerdorf am Rhein in ansprechender Flußlandschaft. Dank heißer Quellen heilkräftige Solbadkuren (35 Grad Celsius). Überreste eines römischen Wachtturms. In Obermumpf steht der Glockenturm mit steilem Satteldach (1494) auf Fundamenten aus der Römerzeit.
Münchenstein (BL), siehe »Dreieckland-Fibel«.
Murgtal (WT). Das Tal der Murg, die beim gleichnamigen, über eine beachtliche Industrie verfügenden Ort in den Rhein mündet, ist durch schäumende Wasserfälle, Durchbrüche,

enge Felswände und Gesteinshalden besonders ab Hottingen von wilder Schönheit. Bei Hottingen das bekannte Hochmoor mit üppigem Bewuchs von Arnika, Heidekraut und Wollgras; auf dem rechten Ufer die Sommerfrische Rickenbach, in deren Kirche auf der historischen Orgel öffentliche Konzerte gegeben werden; auf steilem Granithang die Harpolinger oder Wieladinger Schloßruine; auf dem Bergrücken zur Linken Hänner (siehe Hänner).

Muttenz (BL), siehe »Dreieckland-Fibel«.

Neerach (ZH), bekannt durch seine alten, meist mit Staffelgiebeln erbauten Fachwerk-Mühlen, zum Beispiel die vermutlich im 18. Jh. neuaufgerichtete Obere oder Vogtmühle, die Geigermühle (1570) und die Untermühle (1639). Unweit das Vogelschutzgebiet »Neeracher Ried« mit rund 65 Vogelarten, meist Greif- und Singvögeln; für Besucher vom 1. August bis 28. Februar geöffnet.

Neuhausen (SH), am Rheinfall. Schloß Wörth, vermutlich als »Burg im Werd« im 13. Jh. erbaut, bietet prachtvollen Anblick des Wasserfalls; ehemalige Zollstätte, da die Schiffe einst vor der Rheinkaskade entladen und nach dem Wasserfall wieder beladen wurden. Aazheimerhof, einstige Sommerresidenz der Rheinauer Äbte, birgt architektonische Kostbarkeiten. Im Großraum Neuhausen umfangreiche Industrieansiedlungen.

Neunkirch (SH). Nach dem Brand um 1330 neu erbautes, mit vier Längs- und drei Quergassen angelegtes historisches Städtchen mit spätgotischem Rathaus (1568), Oberem Torturm (1574), Schloß aus dem 16. Jh. und zahlreichen bemerkenswerten Wohnhäusern. Außerhalb des Ortes die um 1400 auf Vorkirchen-Fundamenten erbaute reformierte

DAS WEICHBILD DER STADT BASEL um 1834

Kirche mit bemerkenswerter Innenausstattung. Im Turm Glocke von 1299. Das Heimatmuseum nutzt Räume im Schloß.

Niederweningen (ZH) hat mit seinen Riegelbauten zum Teil noch dörflichen Charakter. Wirtschaftlich bestimmend ist die »Landwirtschaftliche Maschinenfabrik«, gegründet im frühen 19. Jh. Reformierte Kirche mit 1948 freigelegtem gotischem Torbogen auf einer Anhöhe, wo vermutlich schon ein vorchristliches Heiligtum stand.

Nordschwaben (LÖ), am Fuß des Hoh Flums. Im Südosten des noch weitgehend bäuerlichen Dorfes in einem ummauerten Friedhof die St.-Mauritius-Kapelle mit Chor, an dessen Wänden 1940 Gemälde der Zwölf Apostel von etwa 1480 entdeckt wurden.

Oberlauchringen (WT), an der Mündung des Schwarzbachs in die Wutach. Schöner und angenehmer Wanderweg zur Küssaburg. Im Dorf Wirtshaus »Zum Adler«, ein markantes Staffelgiebelhaus von 1578 mit gotischer Fensterfront. Beheiztes Schwimmbad.

Oberweningen (ZH), mit reich ausgestattetem Heimatmuseum. Darin auch die »Konzilsglocke« von 1415, die bis 1924 – als Geschenk des Domstifts Konstanz – zum Geläut der Kirche in Niederweningen gehörte.

Oeschgen (AG), mit 1597/98 erbautem, später verändertem Schloß derer von Schönau, heute Gemeindeverwaltung. Außerhalb des Dorfes hübscher Bildstock mit Nepomukstatue von etwa 1730.

Olsberg (AG). In Dorfnähe Stift Olsberg, ehemaliges Zisterzienserinnenkloster, seit 1840 Erziehungsheim. Alte Stiftskirche, zum Teil erlesen eingerichtet. Reizvoller Kreuzgang von 1572. Unweit des Dorfes – am Violenbach – verlief ehedem die Grenze zwischen

Eidgenossenschaft und österreichischem Besitz; heute trennen sich hier die Kantone Basel-Landschaft und Aargau sowie evangelische und katholische Siedlungsgebiete.
Pratteln (BL), siehe »Dreieckland-Fibel«.
Rafz (ZH), inmitten des getreidereichen Rafzer Feldes, besitzt schöne Riegelbauten aus dem 17./18. Jh., so das Gasthaus »Zum Goldenen Kreuz« von 1665 mit zierlichem Rokoko-Wirtshausschild. Spätgotische reformierte Kirche, neu erbaut 1585. Ortsmuseum. Anmutige Wanderwege durch das vogelreiche Rafzer Feld.
Raitbach (LÖ), in ansprechender Lage am Fuße des Hohen Möhr (983 m), dessen Aussichtsturm wunderbaren Weitblick über Schwarzwald und Alpen darbietet. Auf der Gemarkung Überreste dreier Burgen: Burghölzli, Steineck und Turmhölzli. In der Nähe Verteidigungsschanzen gegen die Franzosen aus der Zeit des »Türkenlouis«, Ludwig Wilhelm I., Markgraf von Baden (1655–1707).
Regensberg (ZH). »Bilderbuchstädtchen« von 1245 auf dem östlichen Lägern-Ausläufer mit altertümlicher Gesamtarchitektur: runder Bergfried, Burg und giebelseitig aneinandergereihte, eine Ringmauer bildende Häuser. Sehenswert: Engelfriedhaus, Alte Kanzlei, reformiertes Pfarrhaus, Mühlen, malerische Brunnen; Glocke von 1491. Schloß seit 1833 Erziehungsanstalt. Lokalgeschichtliches Museum. Vom Bergfried prachtvolle Rundsicht. 57 m tiefer Sodbrunnen. Unweit des Städtchens Ruinen der Burg Alt-Lägern (1245).
Rheinau (ZH), in der westlichen Rheinschleife bei Jestetten verwunschen gelegenes, über eine gedeckte Rheinbrücke von 1804 erreichbares Städtchen, das sich schon während des 13. Jh.s in eine Klosterhandwerker-Unterstadt und eine Oberstadt mit späteren Rittersit-

zen teilte. Sehenswerte alte Gebäude: paritätische Bergkirche, Pfarrhof, Wellenberg-Haus (alle aus dem 16. Jh.), Gasthäuser »Salmen«, »Post« (17. Jahrhundert). Am bemerkenswertesten auf einer kleinen Insel die 1867 in eine Heilanstalt für Geisteskranke umgewandelte monumentale Benediktinerabtei. Nach der Überlieferung Gründung des Stifts 844 durch den heiligen Fintan, dessen Grab sich zwischen dem Chorgestühl der Kirche befinden soll. Juwel des ehemaligen Klosterkomplexes ist die Stiftskirche, 1704–1711 von Franz Beer im Barock-Stil neu erbaut, wobei ein spätgotischer Turm mit romanischem Portal erhalten blieb. Überwältigendes Erlebnis des Innenraums durch Gewölbestukkaturen, Deckengemälde, subtil geschnitztes Chorgestühl, formschönes Gitterwerk, 18 Epitaphien von Rheinauer Äbten sowie 11 Altäre, darunter als Prunkstück der Hochaltar »Mariä Himmelfahrt« mit einer darüberschwebenden Krone (5 m Durchmesser). Unterhalb des Weinbergs, wo die Trauben des aromatischen »Korbweins« reifen, das Kraftwerk Rheinau. Am Flußlauf viele, auch seltene Wasservögel.

Rheinfall (SH/ZH), gewöhnlich vom Namen her mit Schaffhausen verbunden, obwohl bei Neuhausen gelegen. Größter Wasserfall Europas mit teilweise aus 21 m Höhe in einer Breite von 115–150 m über zerklüftetes, ausgewaschenes Felsgestein herabstürzenden Wassermassen, ein berückendes und erregendes Naturschauspiel, das am besten vom Schloß Laufen, von der Betonkanzel »Fischez« oder vom Schloß Wörth bei Neuhausen aus zu beobachten ist.

Rheinfelden (AG). Stadtgründung der Zähringer um 1130, später eine der vier »Waldstädte« der Habsburger am Hochrhein, seit 1803 aargauisch. Vorzüglich erhaltenes mittelalterliches Ortsbild um die Marktgasse: Reste der Ringmauer zwischen Ober- und Kupfertor, Messerturm, halbrunder Wasserturm; spätgotische Martinskirche aus dem 15. Jh. mit Spätrenaissance-Hochaltar (1607) und Barock- sowie Rokoko-Elementen; Johanniter-Kapelle (1456/57) einer 1806 aufgehobenen Deutschordenskommende, Rathaus aus dem 16. Jh. mit mächtigem Turm und alten Wappenscheiben und Herrscherbildnissen im Innern. »Fricktaler Museum« im Haus »Zur Sonne«. Alljährliches Liedersingen der Sebastiani-Brüderschaft an Weihnachten und Neujahr an den sieben entzückenden Stadtbrunnen. Badeort seit dem 17. Jh. dank einer der ergiebigsten europäischen Solen. Waldlehrpfad Wasserloch/Steppberg. Seit je Ende der Großschiffahrt auf dem Rhein flußaufwärts wegen der Stromschnellen »Höllenhaken« und »Gewild« (»infirma rapida«), die allerdings seit 1898 durch den Bau des ersten Flußkraftwerks Europas, der schweizerisch-deutschen »Kraftübertragungswerke Rheinfelden«, überflutet sind. Rheinbrücke.

Rheinfelden (LÖ), entstanden am Haltepunkt »Bei Rheinfelden AG« der 1856 eröffneten Bahnlinie Basel–Waldshut, stetiges Wachstum durch das Rheinkraftwerk von 1898 und die alsbald auf der rechten Rheinseite angesiedelten mittleren und größeren Industriebetriebe. Rheinhafen seit 1934. Im übrigen angenehme Lage zwischen Dinkelberg und Rhein. Ernennung des Ortes zur Stadt 1922, seit 1975 Große Kreisstadt.

Rheinheim (WT), altertümliches Dorf mit schmucken Staffelgiebelhäusern und einer 16 km langen Rheinpromenade gegenüber Zurzach, mit dem es durch eine Brücke verbunden ist. Einst römischer Brückenkopf und vermutlich ältestes »castrum« rechts des Rheins; noch heute sind bei niedrigem Wasserstand hölzerne Brückenpfeiler im Strom

erkennbar. Mittelalterlicher Turm; katholische Kirche von 1670 mit beachtenswerten Decken, Gemälden und barockisierter Renaissancekanzel.
Riburg (AG), siehe Möhlin.
Riedern am Sand (WT), an der Grenze zum Kanton Schaffhausen. Hier gibt es noch Chancen, auch als einfacher Wanderer auf der Suche nach prähistorischen Überresten, Knochen und Pfeilspitzen fündig zu werden. Prächtige Barockkirche von 1738–1742.
Riehen (BS), siehe »Dreieckland-Fibel«.
Rorbas (ZH). Dorf mit majestätischem spätgotischen Satteldachturm und 1585/86 neuerbautem Kirchenschiff. Auf einer Anhöhe oberhalb der Kirche Reste einer Burganlage. Das Gasthaus »Zum Adler«, ein ansehnlicher Fachwerkbau, datiert aus dem 16. Jh.
Rotwasserstelz (WT), auch Röteln oder Röttlen. Eindrucksvolle fünfstöckige Burg gegenüber Kaiserstuhl. Der mächtige Bau mit auffallendem Dachreiter erhebt sich auf einem Felsblock über dem rechten Rheinufer hinter einem vorgebauten, heute verlassenen Spätbarockschlößchen. In der Nähe einziges noch erhaltenes altes badisches Zollhäuschen am Hochrhein. Von den drei Stelz-Burgen wurde Schwarzwasserstelz, ein Schauplatz in Gottfried Kellers Erzählung »Hadlaub«, im Rhein mit einem Bunker überbaut, indes die Ruinen von Weißwasserstelz vom Uferdickicht des Rheins überwuchert sind.
Rüdlingen (SH). Auf den durch die Stromkorrektion 1881–1897 entstandenen Inseln und Altwässern Nist- und Standplätze zahlreicher Arten von Sumpfvögeln, besonders interessant die Fischreiherkolonien. Vogelschutzgebiet. Im Ort attraktive alte Gasthöfe: »Stube« vom Anfang des 16. Jh.s, »Rebstock« von 1657.

Bad Säckingen (WT), aus einer Missionszelle des heiligen Fridolin (6. Jh.) hervorgegangene Stadt mit harmonisch zwischen Tradition und Gegenwart ausgleichendem Ortsbild. Ehemalige Residenz der Fürstäbtissin eines Adelsfrauenstifts (bis 1806). Beherrschend das Fridolinsmünster, 1360 als gotischer Bau eingeweiht, nach 1678 im Barock-, nach 1751 im Rokokostil neu gestaltet. Wallfahrtsstätte mit bedeutender Fridolinsprozession alljährlich im März. Mittelalterliche Mauerreste am Rheinufer, Gallus- und Diebsturm. Stiftsgebäude und Bürgerhäuser mit malerischen Fassaden aus dem 15.–17. Jh. Im Hallwilerhof (1601) der Beuggener Deutschordensritter wohnte 1850/51 Josef Viktor von Scheffel, in dessen Werk »Der Trompeter von Säckingen« das Trompeterschlößle – heute Heimatmuseum – aus dem 17. Jh. inmitten eines lauschigen Parks eine bedeutsame Rolle spielt. Über den Rhein nach Stein führt die längste Holzbrücke Europas (200 m). Dank Thermalquellen (38 Grad Celsius), modernem Bade- und Kurzentrum und Klinik (Gefäßkrankheiten, Rheuma) 1978 Auszeichnung der Stadt mit dem Prädikat »Bad«. Im Südwesten beachtliche Industrieniederlassungen.
St. Chrischona (BS), nahe Riehen, mit ehemaliger Wallfahrtskirche (16. Jh.). 1840 von Chr. Fr. Spittler hier gegründete Ausbildungsstätte für Missionare der »Basler Mission«. Höchste Erhebung des Kantons Basel-Stadt (526 m) mit weitem Rundblick auf das Alpenpanorama. Ausgangspunkt für Rundwanderung über Bettingen und Riehen.
Schaffhausen (SH). Kantonshauptstadt mit einem der charakteristischsten mittelalterlichen Ortsbilder der Schweiz: viele fassadenbemalte und erkerbestückte Patrizierhäuser aus dem 16.–18. Jh. (»Goldener Ochsen«, »Ritter« und andere), würdige Zunftgebäude,

Stadthaus aus dem 18. Jh., altertümliches Gred- oder Kaufhaus, mächtige Tortürme, die nach Albrecht Dürers Befestigungslehre im 16. Jh. auf einer Anhöhe erbaute Zitadelle Munot, das um 1100 errichtete Münster mit wunderbarem Kreuzgang und das ehemalige Allerheiligenkloster, heute eines der am reichhaltigsten ausgestatteten kulturkundlichen Museen der Schweiz. Im Münsterhof die Glocke von 1486 mit der Inschrift: »Vivos voco, mortuos plango, fulgura frango« (Die Lebenden rufe ich. Die Toten beklage ich. Die Blitze zerbreche ich), die Schiller seinem »Lied von der Glocke« als Motto vorangesetzt hat. Auf der Zitadelle Sommer-Festbälle. Internationale Bach Feste im Dreijahresturnus. In Allerheiligen regelmäßige Kunstausstellungen. Herrliche Wanderwege am Rhein zum Wasserfall, zum Kloster Paradis, zum Schloß Herblingen mit Bergfried aus dem 13. Jh. Als bedeutender Industrieort mit Neuhausen zusammengewachsen.

Schlüchttal (WT). Die von Mettma und Schwarza gespeiste, ihr Wasser in die Wutach ergießende Schlücht durchfließt eine Landschaft mit den reizvollsten Panoramen des Südschwarzwalds. Sehenswert: Berau mit ehemaliger Propstei eines Benediktinerinnenklosters, die schon 1347 erwähnte Witznauer Mühle, Aichen mit Turm und Chor etwa von 1450, die Ruinen Isnegg und Guttenburg, schließlich Gurtweil (siehe Gurtweil).

Schneisingen (AG). Im »Schlößli« von 1696 Stukkaturen und Deckenfresken. Auf dem benachbarten Tafelberg 1860 Entdeckung der rostblättrigen Alpenrose – vermutlich ein Relikt aus der Eiszeit.

Schopfheim (LÖ). Stadtgründung um 1250 durch Konrad I. von Rötteln. Die 1479–1482 erneuerte spätgotische Stadtkirche mit mächtigem Turm besitzt im Innern reiches Inventar. Profanbauten mit gotischen Stilelementen: Hirtenhaus (1586), Höcklinhaus (1566), Auerbachsches Haus. Rathaus im Weinbrennerstil von 1826. Johann Peter Hebel besuchte hier 1773/74 von Hausen aus die Lateinschule. Heimatmuseum. Industrieansiedlungen am Stadtrand, doch bieten Dinkelberg und Südschwarzwald lohnende Wanderziele.

Schwörstadt (LÖ). Im Norden der 3,30 m hohe »Heidenstein«, die Vorderwand eines Megalithgrabes von etwa 2000 v. Chr. mit einer ovalen Öffnung, dem »Seelenloch«; darin Fund von 19 Skeletten mit Grabbeigaben. Auf einer Rheinterrasse das nach 1797 neu aufgebaute Schloß derer von Schönau mit reizvollem Blick auf den Strom und die Grünhänge am Schweizer Ufer. Niederdruck-Kraftwerk Riburg-Schwörstadt (1929–1932).

Stadel (ZH). Auffallend die Häuser, zu deren Kellern zum Teil gemauerte Gewölbevorbauten führen. Unter den Riegelbauten aus dem 17. Jh. beachtenswert das Dreisässenhaus von 1668. Leuenbrunnen von 1636, einer der schönsten Brunnen des Kantons, mit oktogonalem Becken, Renaissanceelementen und einer reichgeschmückten Säule, auf deren Kapitell ein Löwe mit Schild thront. Auf einer Anhöhe – einer Wehrkirche gleichend – das mauerumringte reformierte Gotteshaus.

Stein (AG). Grenzort mit gedeckter Brücke über den Rhein. Große Festhalle. Kraftwerk Stein-Säckingen. Am Nord- und Westausgang des Dorfes kunstvoll gearbeitete Wegkreuze von etwa 1600.

Steinatal (WT). Die Steina, die im unteren Klettgau an prächtigen Laubwäldern vorbeifließt, führt ihr Wasser westlich des Wiggenbergs (389 m) bei Tiengen der Wutach zu.

Tegerfelden (AG). Weinbauerndorf in einem Nebental der Aare. Auf einem Bergvorsprung Ruine einer Burg, die wegen Komplizenschaft des Besitzers mit dem Mörder von König Albrecht I. 1308 zerstört wurde.

Teufen (ZH). Ober- und Unterteufen sind Bauerndörfer mit gut erhaltenen Riegelhäusern. Auf bewaldeter Kuppe Burgruine Hohenteufen, einst Wohnstätte des Minnesängers Wernher von Teufen. Unterhalb des Burgfelsens das 1850–1856 in englisch-neugotischem Stil erbaute Schloß Teufen. Ausgangspunkt für Rundwanderungen.

Thurtal (ZH). Das Tal der Thur, die in den Voralpen entspringt, nach langem Weg das Zürcher Weinland erreicht und südlich von Ellikon in den Rhein mündet, wird am Unterlauf des Flusses vorwiegend landwirtschaftlich, zum Teil aber auch gewerblich genutzt. In bewaldeter Gegend bieten sich schöne Strecken zum Wandern an.

Tiengen (WT), reizvolle Kleinstadt an der Mündung der Schlücht in die Wutach. Im 9. Jh. Thingstätte des Albgaus, später Hauptstadt des Klettgaus. Mitte der siebziger Jahre administrativer Zusammenschluß mit Waldshut. Von der alten Stadtbefestigung erhalten geblieben: Mauerreste und Storchenturm mit eigenartiger Holzhaube. Katholische Kirche, in der Bernhard von Clairvaux 1146 für den zweiten Kreuzzug warb, 1753–1758 neu gestaltet durch Peter Thumb, der den Chor von 1571 in das neue Gotteshaus einbaute. Altes Rathaus (1602) und mächtiges Schloß (1640). Parkanlagen, neuer Aussichtsturm »Vitibuck«. Seit 1415 am ersten Sonntag im Juli Fest des »Schwyzertages«, seit 1503 Fasnachtsprivilegien; Trachtenumzug alljährlich im Juli. Südöstlich vor der Stadt der »Lange Stein«, ein 4 m hoher Menhir, wohl aus keltischer Zeit. Am Stadtrand beachtliche Industrie.

Tößtal (ZH). Das Tal der Töß, die am Tößstock entspringt, in ihrem Unterlauf die Bergzüge Irchel und Rheinsberg trennt und nordwestlich von Teufen in den Rhein mündet, zeigt ab Dättlikon neben einem bäuerlich anmutenden Landschaftsbild zunehmende Industrieansiedlungen (Spinnereien, Gießereien, Steinzeug- und Ziegelfabrikation). Bei Tößriedern unterirdisches Notvorsorgelager mit 15 Tanks zu je 300 000 l Benzin und 9 Behältern zu je 575 000 l Heiz- und Dieselöl.

Trüllikon (ZH). Ehemaliges Schloß, im 18. Jh. Wohnsitz eines kaiserlichen Feldmarschalls, heute Bäckerei. Im Obergeschoß kunstgeschichtlich bedeutsame barocke Stuckdecke von 1695. Am Schloßbuck gut erhaltene Wehranlage aus der Hallstattzeit. Beim Gasthaus »Ochsen« fast 200 Jahre alte Linde.

Tschamber Loch (LÖ), rund 500 m lange Erosionshöhle mit großartigem Wasserfall und kleinen Weihern im Innern des Dinkelberger Muschelkalks bei Riedmatt.

Waldshut (WT). Hauptort des Landkreises Waldshut, 1975 mit Tiengen (siehe Tiengen) vereinigt. Um 1240 von Albrecht von Habsburg gegründet, ab 1678 Sitz der vorderösterreichischen Regierung, war der Ort bis zum Anschluß an das Großherzogtum Baden eine der vier habsburgischen »Waldstädte« am Hochrhein. Trotz Vernichtung kostbarer Kunstschätze durch die Bilderstürmer altertümliches Stadtbild in der Kaiserstraße mit Rhein- und Waldtor, Häusern aus dem 16.–18. Jh. mit dem vorkragenden »Hotzengiebel«, geschmackvoll restauriertem barocken Rathaus von 1770, repräsentativem Gasthof »Zum Wilden Mann«, Greifeneggschloß und Hexenturm. In der »Alten Metzig« Heimatmuseum. Im »Rheinischen Hof« Andenkenstube an Heinrich Hansjakob. Alljährlich am dritten Augustsonntag das vor allem von der »Junggesellenschaft 1468« organisierte Stadtfest »Chilbi« (= Kirchweih) zur Erinnerung an die Abwehr der damaligen Belagerung durch die Eidgenossen. Nach der Überlieferung Abzug der Schweizer, als sie eines wohlgenährten Bockes ansichtig wurden, den die Junggesellen auf der Stadtmauer promenieren ließen, um zu zeigen, daß Waldshut noch über genügend Vorräte verfüge. Alte Fasnachtstradition. Kultur- und Sportzentrum Oberwiesen, Wildgehege, Naturschutzgebiet »Eibenkopf«. Ausgangsort für Wanderer zur Küssaburg, in den Hotzenwald, zum Dreiländerweg. Rheinbrücke nach Koblenz.

Wegenstetten (AG), mit spätgotischem Turm von 1487, der beim Bau der katholischen Kirche um 1740 von Johann Caspar Bagnato in das neue Gotteshaus einbezogen wurde. Im Privatinnern Régencestukkatur und Rokoko-Elemente.

Wehr (WT), 1950 zur Stadt erhobener Erholungsort am Ausgang des bewaldeten Wehratals, eines Erosionstals, das hier vom Hochrhein-Wanderweg überquert wird. Mittelsteinzeitliche und römische Besiedlung verbürgt. St.-Wolfgangs-Kapelle (1486–1648). Ehemaliges Schloß Schönau von 1748 mit geschmackvollen Stukkaturen im Untergeschoß, heute Rathaus. Oberhalb des Ortes die Ruine Bärenfels (siehe Bärenfels). In Ortsnähe fortschreitende Industrialisierung, Kavernenkraftwerk. Stausee der Schluchseewerk AG.

Weiach (ZH), altertümliches Bauerndorf mit recht gut erhaltenen Friedhofsmauern, die das Pfarrhaus von 1591 und die Kirche von 1705/06 einschließen und an eine ehemalige Wehranlage erinnern. Schöner Rundblick. Standplatz eines römischen Wachturms. Dorfmuseum in einem Haus aus dem 16. Jh.

Weil a. Rh. (LÖ), siehe »Dreieckland-Fibel«.
Wiesetal (LÖ), siehe »Dreieckland-Fibel«.
Willmendingen (WT), an der unteren Wutach, mit einem Spätrenaissanceschlößchen, das einst zur Statthalterei des Klosters Rheinau gehörte; kunstvolles Portal von 1609.
Wislikofen (AG), von St. Blasien 1113 gistiftete Propstei mit Gebäuden samt Kirche von 1690–1692. In der den Heiligen Sebastian und Fridolin geweihten Kapelle geschmackvoll geschnitzter Barockaltar aus dem 17. Jh.
Würenlingen (AG), nahe beim ersten Schweizer Atomkraftwerk Beznau-Döttingen (1969). Sitz des Eidgenössischen Instituts für Reaktorforschung (EIR). Im Ort Schutzengelkapelle von 1695 und spätbarocke katholische Kirche von 1739.
Wutachtal (WT). Das Tal der Wutach, die seit 20 000 Jahren nicht mehr in die Donau, sondern in den Rhein fließt, erweitert sich im unteren Klettgau zu einer freundlichen Au- und Hügellandschaft. In Ofteringen über dem Fluß Kloster Marienberg, ein verschwiegenes schloßartiges Benediktinerinnenkloster. Beachtenswert auch Degernau (siehe Degernau), Willmendingen (siehe Willmendingen) und Oberlauchringen (siehe Oberlauchringen).
Wyhlen (LÖ), siehe »Dreieckland-Fibel«.
Zeiningen (AG), am Möhlinbach. In der spätbarocken katholischen Kirche von 1768/69 wertvolle Decken- und Wandgemälde und prachtvoll geschmückter Rokoko-Hochaltar.
Zurzach (AG). Bezirkshauptort. Auf dem Boden des keltisch-römischen Tenedo, von dessen Doppelkastell und frühchristlicher Kirche mit Baptisterium Mauerreste freigelegt

wurden. Vermutlich Missionstätigkeit der heiligen Verena im 4. Jh. Stiftskirche St. Verena (10. Jh.), 1733/34 durch Johann Caspar Bagnato verhalten barockisiert, mit originellem Turmchor. In der gotischen Krypta Sarkophag der heiligen Verena, deren Namensfest am 1. September begangen wird. Grabplatte von 1613. Älteste, 1717 erbaute reformierte Predigerkirche der Schweiz mit Orgel von herausragender musikhistorischer Bedeutung. Von dem einst als Messestadt (1363–1856) berühmten Altzurzach zeugen in Haupt- und Schwertgasse: Rathaus und geräumige Bürgerhäuser mit Torbogeneinfahrten in weite Innenhöfe, darin Laubengänge, Lager, Läden, Ställe, im Obergeschoß Unterkünfte für die Messebesucher. Messe- und Bezirksmuseum in altem Chorherrengebäude. Seit 1955 Thermalbad (30 Grad Celsius), Turmhotel. Weniger schönen Anblick bietet die Sodafabrik (1914) mit 70 m hohem Schlot und wuchtigen Halden; der Betrieb deckt den Schweizer Gesamtbedarf an Industrie- und Haushaltssoda. Alte Rheinbrücke.

Zuzgen (AG), im Möhlintal, mit einer nach Johann Caspar Bagnatos Entwürfen 1737–1739 erbauten spätbarocken Kirche. Reiche Innenausstattung aus dem 17. Jh.: Hochaltar, zierliche, im Rokokostil gearbeitete Seitenaltäre, Orgel, lebendige Deckengemälde.

LITERATURHINWEIS

Benz, W., *Schwarzwald-Süd 2*, Kompaß-Wanderführer, Stuttgart 1980.
Deuchler, F., *Schweiz und Liechtenstein*, Reclams Kunstführer, 2. Auflage, Stuttgart 1968.
Ess, J., *Auf Wanderungen im Zürcher Unterland, Rafzerfeld und Weinland*, 2. Auflage, Zürich 1964.
Hahnloser, H. R. und Schmid, A. A. (Hrsg.), *Kunstführer durch die Schweiz*, Band I, 5., vollständig neubearbeitete Auflage, Wabern 1971.
Hauswirth, F., *Burgen und Schlösser der Schweiz*, Bände 1–7, Kreuzlingen 1978 ff.
Heyer, H.-R., *Kunstführer Kanton Basel-Landschaft*, Bern 1978.
Hönn, K. (Hrsg.), *Der Hochrhein von Konstanz bis Basel*, Konstanz 1931.
Keller, W. (Chefred.), *Der Hochrhein vom Bodensee bis Basel*, Merian-Heft 8/XVIII, Hamburg 1965.
Miller, M. und Taddey, G. (Hrsg.), *Baden-Württemberg*, Handbuch der historischen Stätten Deutschlands, Band VI, 2., verbesserte und erweiterte Auflage, Stuttgart 1980.
Piel, F. (Bearb.), *Baden-Württemberg*, in: Dehio, G., Handbuch der deutschen Kunstdenkmäler, München 1964.

BILDNACHWEIS

S. 13
Max Schefold (Hrsg.), Die Bodenseelandschaft. Alte Ansichten und Schilderungen, Konstanz 1961, S. 121.

S. 19
Max Schefold (Hrsg.), Der Schwarzwald in alten Ansichten und Schilderungen, Konstanz 1965, S. 224.

S. 23
Max Iseli (Red.), Gedenkschrift zur 1200 Jahrfeier, (Rheinau) 1978, Titelbild.

S. 31
Der Hochrhein vom Bodensee bis Basel, Merian-Heft 8/XVIII, Hamburg 1965, S. 41.

S. 35
Maximilian von Ring, Malerische Ansichten der Ritterburgen des Großherzogtums Baden (Nachdruck einer Ausgabe von 1829), Frankfurt/M. 1980, Tafel 14.

S. 45
Max Schefold (Hrsg.), Der Schwarzwald in alten Ansichten und Schilderungen, Konstanz 1965, S. 210.

S. 48/49
Geographische Karte: Ruth Kunemann.

S. 51
Der Hochrhein vom Bodensee bis Basel, Merian-Heft 8/XVIII, Hamburg 1965, S. 40.

S. 55
Eugen A. Meier, Rund um den Baselstab. Drei historische Bildbände über 200 Städte und Dörfer in der Regio Basiliensis, Bd. 2, Basel 1977, S. 33.

Weitere Landschaftsfibeln

ALB-FIBEL
von Franz Georg Brustgi

OBERSCHWABEN-FIBEL
von Stefan Ott

MAINFRANKEN-FIBEL
von Carlheinz Gräter

SCHWARZWALD-FIBEL
von Max Rieple

Alle Landschaftsfibeln in farbigem Einband mit Übersichtskarte, 64 Seiten mit 12 teils farbigen, alten Stichen und ABC aller wichtigen Orte.

Bitte fordern Sie unser Gesamtverzeichnis an.

ROSGARTEN VERLAG GMBH
Postfach 4430, D-7750 Konstanz